皇の時代 2

政治・経済 これからの 2500 年
幸せ産業の行方

はじめに

　いつも Facebook & YouTube をご覧くださりありがとうございます。今回はQRコードの作成に成功しましたので、Facebook や YouTube にも飛べるよう工夫しました。

　前作で横書きが見にくいと言われたようです。ごめんなさい。これはずっと横書きで発売します。理由は皇の時代は一番できない人に合わせて新シンプルにしましょうという決まりがあります。いつも本を読む人向けではなく、日ごろ本を読まない人やネットでしか字を見ない人の為に、極力簡単に繰り返し同じ言葉を使って書いています。

　どんなに幸せになれる方法でも本を読んで理解できなければ意味がありません。私のもとには「皇の時代」は難しくてわからないという悩みを持った人がやってきます。ですから、政治経済・結婚恋愛・自然環境とエネルギーというように判りやすく分けて本を作っていきます。

　一気に読めない人は、毎日ぱらっとページを開いて一行でも気になるところを読んでください。あなたに必要な言葉があります。

本を手に取って不安を抱いてる方へ秘策を授けます。秘策というと今の生活が一変するイメージでしょうか。

　いいえ違います。この本を読む前と読んだ後で思考が変わることが秘策です。何かヒントを得てください。

　今回は生活に密着したお金や政治を一緒に考えていきましょう。

　政治や経済は難しいです。ただ、難しい事が伝えたいのではありません。

・なぜあなたが今までつらい思いをしてきたのか？

・今何が変わっていくのか？

・楽に樂しく過ごすために切り替える思考は何か？

・ビジネスで使えるネタはなにか？

　ここを見てほしいと思います。

　あなたは世界が祖の時代から皇の時代へ移行したことで、あなたを取り巻く環境が変化したことを知りません。知らないからうまくいかず、イライラし、不安になるのです。これは、祖のエネルギーが出ているのではなく、あなたが変化を受け取れないために起きたズレです。ただのズレで

すから、心配いりません。皇の思考がわかってくると「自分のとった行動の何がズレを起こしたのか」という思考に変わります。ここが大切で、自分を責めることを止め、違和感からズレの調整をすればよくなることを学びます。学べばどんどん良くなりますから、いくつもの経験が必ず幸せを呼び込みます。安心してください。皇の時代はまだ続きます。

　そしてお願いがあります。皇の時代シリーズは新しい時代が始まったことを知らない方へ発信しています。あなたの周りで苦しむ人にこの本から抜粋して内容を教えてあげてください。

Facebook や YouTube 動画でも身近な題材を取り上げて解説しています。簡単にわかりやすくをモットーにしています。

　今回は**太字**とまとめを導入して、大切なところや伝えたいことを工夫しました。字が読めればわかるところまで内容を簡略化する努力をしているので本らしくないのですがご了承ください。

Facebookでは、全世界の人に向け日本語、たまに英語で皇の時代に変わる意識を毎日、2〜4記事アップしています。これは日本から全世界へのメッセージです。友人や日々の記事からの気づきをコラムでアップしています。

Facebook 春名律子
左記の二次元コードを読み込み
Facebook 記事へ飛びます。

私は世界、全ての人が皇の時代に自然からの愛を受け取り、今までのひどい苦しみから解放されてほしいと願い、配信しています。今はまだ日本語だけですが、世界各国の言葉で翻訳し、必ず届けたいと思います。YouTube には週に4〜7動画アップしています。文章で伝わらない気持ちを動画で配信しています。

YouTube チャンネル 春名律子
左記の二次元コードを読み込むと
YouTube 動画が開きます。

《目次》

第五部　お金

【本の購入特典　限定動画二次元コード】

　購入者特典映像は、お金について語りました。皇のお金を語ると周り
が騒がしくなるのですが、伝えたいことはお話ししました。パワーも入れ
込みましたので富士山と沈む夕日と共にご覧ください。

左記二次元コードを読み込み動画が始まります。

購入者限定　地平線に沈む夕日を眺めながら
動画をご覧ください。

第一部
政治と聖慈

Ⅰ　不条理な世の中のルール

　あなたは幸せですか？　この世の中を見回すと「コロナ禍で儲けた人がいるのに自分たちは職を失った」という人や「病気になりコロナを疑われて人間関係がおかしくなった」という人も見受けられます。仕事を失ったり、お金が回らなくなったり、自粛警察と呼ばれる正義を振りかざす人たちに攻撃されたりと、自分の意志とは別のところで不幸がやってきた人はたくさんいます。日々を必死で誠実に生きているはずなのに、利益を上乗せして儲けている人や、詐欺で潤っている人がいる事に不条理を感じます。

　いきなりこのような不幸なできごとを述べて申し訳ないのですが、この本は生きる上で起こる不条理を改善して楽に楽しく生きるためのヒントをお話ししています。

　では、なぜあなたがしなくてよい苦労を背負っているのでしょうか。**これは自分で苦労を招いている場合と魂の進可のために起きていたことが混ざっていて、苦しみもがく結果をあなたが掴んでいるからなのです。**この世は人間

が定めたルールで動いているわけではありません。過去の習慣や思想、道徳さえ守ればお金持ちになることはありませんでした。正しく生きようとする心は、幸せな人生を送ることが目的ではないのです。あくまで魂が進可（私達の言葉では成長）するために苦しむことから学ぶという決められたルールでした。

【まとめ】

・不幸は自分が掴んでいる場合と、魂の進可のために
　起きていることが混ざっている。

・人間のルールで世の中が成り立っているのではない。

・誠実に生きても貧困で苦労ばかりする人がいる反面、
　詐欺や利益の上前をはねて楽に生きている人がいると
　いう不条理がある。

・この世の中にある人間のルールは、あなたをお金持ちや
　幸せにするために存在しているのではない。

・コロナ禍で楽になった人と苦しくなった人に分かれている。

　　決して、あなたは不幸になるために生まれたのではあ
りません。あくまでルールの中で苦労しながら学ぶ時代に

生まれたのです。これからは変えていきましょう。

2 大宇宙と宇宙プログラムの 2 つの変化

　この本で皇の時代について初めて知った方には突然ですが、1994 年 8 月 7 日に、宇宙のプログラムの 11 段階目が終了しました。16 ページにある〈図 1　地球を取り巻く大宇宙の図〉を見てください。『于由の周りを公転する第三惑宇宙が、公転を初めて 11 周した』という意味で『コ』の大宇宙は 77 京年前に公転を始めた古い大宇宙と言えます。1994.8.7 という日は、1 段階目の宇宙がスタートしてから、77 京年が経過した日のできごとです。**私達は何度も転生し、進可を繰り返してきました。**(春名律子 / 皇の時代 1 宇宙プログラムの変更 1994.8.8『コ』の宇宙の変化と皇の時代)

　魂が発生してから現在、人間として生きる生物は 8 憶年から 18 憶年の経験を繰り返してきました。

　『コ』の宇宙のプログラムは、原因を作り続けた 77

14

京年を終わらせ、ついに結果を作り出す 12 段階目に
1994 年 8 月 8 日から入りました。いきなり 77 京年の話
では驚くでしょうから簡略化して説明します。

・この宇宙は『コ』という大きな宇宙の一部だ。

・于由とは『コ』の中の太陽のような存在である。

・于由の周りを惑宇宙は公転する。

・宇宙の周りを公転する周期は、1 周が 7 京年だ。

・現在 11 週目（11 段階目と呼ぶ）77 京年経過中

・『コ』の中には、7 つの惑宇宙がある。

・惑宇宙とは自転する宇宙空間である。

・太陽系は、惑宇宙の第三番目の宇宙である。

・惑宇宙の自転は 5000 年だ。

・自転 5000 年

　半分は于由光線があたらないヨルの時代。

・自転 5000 年

　もう半分は于由光線があたるヒルの時代。

・**2008 年までがヨルの時代だった。**

図 1　地球を取り巻く大宇宙の図

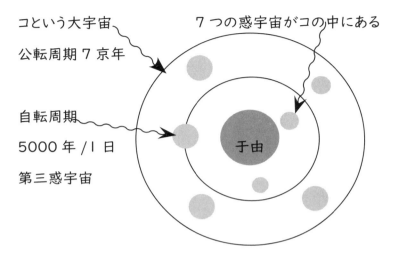

コという大宇宙
公転周期 7 京年

7 つの惑宇宙がコの中にある

自転周期
5000 年 / 1 日
第三惑宇宙

于由

　この宇宙を提唱した方は既に亡くなっています。これをワイオ理論と呼んでいます。ワイオ理論は、当時膨大な情報でセミナーなどを行っていましたが、とても公開できる情報量ではありませんでした。20 年以上も前の話ですから当時は祖の時代でとても大変でした。

　しかし、皇の時代に入り当時の話が実現し始めてワイオで言われたことは事実だったと感じています。実際に自転周期 5000 年の『祖の時代と皇の時代の時系列』を見てみましょう。

【祖の時代と皇の時代の時系列】

　祖の時代 (2500 年続いた苦労から学ぶ時代・ヨルの時代) は 2008 年まで続き、2009 年から 2013 年までが夜明けとなり、**2014 年から本格的に皇の時代 (2500 年間続く樂しさから学ぶ時代・ヒルの時代)** が始まりました。今回の 2500 年間の交代時期は、ある特殊な周期と時期がかさなり 7 京年に一度の大転換期となりました。

　図 1 は、『コ』の大宇宙を図にしました。地球は、『コ』という大宇宙の一部であり、中央には太陽の様な存在、亍由があります。『コ』の大宇宙の中に 7 つの惑宇宙が存在していて、私達は三番目の宇宙、つまり『第三惑宇宙』に属しています。**第三惑宇宙は自転をし、自転周期は 5000 年です。**

【奇跡の瞬間から動き出した】

　この 5000 年の自転で夜明けを迎えた地球と、7 京年の公転周期が 12 段階目に入った瞬間が 15 年しか差がなかったのです。奇跡と言っても過言ではありません。こ

の瞬間から多くの変化は起こりだします。

　その中で、**二つの変化が重なり起きたのが今の世界です。一つが 11 段階目の公転周期が終わった 1994.8.7 で、もう一つがヨルの時代からヒルの時代へ 2009 年に変化を始めた神の交代です。**この二つが同時期に重なったことにより、現在の地球を劇的に変化させたのです。

　心を成長させる于由光線があたらないヨルの時代 2500 年間が 2008 年に終わり、2009 年から于由光線があたる 2500 年間のヒルの時代へ変わりました。つまり、管理されていた神様が交代されたのです。

　ここで、《宇宙のプログラムの 12 段階目への変化》と《ヒルの神様への交代》が、この時期に重なることは稀です。この変化に伴い、**2023 年に私達の住む第三惑宇宙がワワヨという宇宙からワワコという宇宙へランクが上がります。**この変化が終わると世界は一変し、争いは終わり共生の社会へと強く進んでいきます。現在、この変化に向け、世界中の問題点を掘り起こしている最中です。

　世界を変える変化一例

・過去の非人道的な行いの暴露

・政治の世界の裏事情の暴露

・原子力発電所の閉鎖

・宗教差別・人種差別・性差虐待など非人道性の暴露

・ウイルスによる習慣の変更

・人間の住む環境整備・世界的天災

・世界中の問題点のあぶり出し

　ニュースを見てください。10年前と報道される内容が変化しています。皇の時代に起こる国民の監視システムが働き始めたからです。変化が起こり一つずつ解決されて行きますが、**この解決の方向性はあくまでシンプルで楽になる事です。**難解で複雑なものは続きません。ここで11段階目の宇宙のプログラム変化と自転周期5000年の変化について触れます。

※宇宙プログラムの変化が政治の考え方、産業、お金がある人からない人へ流れていく仕組み、社会すべてを真逆に変えていくのです。

3 11段階目の公転周期が終わった

　『コ』の中の第三惑宇宙が11週目を終えたのが1994.8.7で、翌日1994.8.8から12週目が始まりました。つまりこの日がお正月になったのです。7京年に一度のお正月で、この日に生きてお祝いできる事はとても珍しいのです。セミナーでは、この日に生きていることは3億の宝くじに300回連続で当たるほど珍しいと言っていました。私達は時代の大変更の真っただ中にいるのですから。この**11週目が終わったことにより『コ』の大宇宙が原因を吸い上げて12週目からいよいよ結果を還元し始めるのです。**見えない世界が見える世界へと変わり、宇宙は更に次の収縮という段階に入ります。『原因により結果が生まれる』というのは当たり前に聞こえますが、「ではこの周期はどのくらいなのか」とか、「結果はどういう方向で動くのか」というのはわかりません。ワイオ理論はここも解説しています。私達人間界で言うと、単純に原因によってつかんだ結果は『苦』と『楽』に分かれます。

『苦』をつかむと、苦しい結果がきて病気になったり、お金を失ったり、人間関係でトラブルが起きたりします。

『楽』をつかむと、生活が楽になり、シンプルにすっきりしていきます。嫌な人と切れて不快な事が減っていきます。

今回のプログラムの変化では人間の生活をロボット& AIが支えてくれるので、楽になり働くことも減っていきます。重労働が減り管理することが増えます。これは人間が祖の時代に進化して、物質文明を成長させたことにもよります。

4 一万年の周期

第三惑宇宙の自転周期は、5000 年です。半分の2500 年間を于由光線が当たらないヨルの時代といい、私達がつい最近まで経験してきた世界です。苦しみから学ぶというルールで動き、アリとキリギリスという童話に代表されるよう、苦しみながら幸せをつかむことが善とされた時代です。2500 年間続き、祖の時代（そのじだい）と言います。

代わって于由光線が当たりだした今の時代を、皇の時代（おうのじだい）と呼び 2500 年間続きます。**樂しみから学ぶ時代で、これからは楽してのんびり生きる時代です。**アリのように働く必要もありません。**これからは楽することが善と変わります。**

　なぜこのような変化が起こるのかというと、于由光線が心を進可させる光ですから、これが当たらないヨルの時代は心が成長せずに、物質文明が発達します。当然管理している神様も違います。ヨルの神様は彌生神（やよいのかみ）でヒルの神様は縄文神（じょうもんのかみ）です。

　一万年周期とは、5000 年の自転周期を 2 回周るごとに宇宙プログラムが変更し、地球全体が大水洗いで全てを洗い流し、新たな時代へと進可するプログラムがあるのです。今回、私達が今いる皇の時代は、46 代目地球人です。

　秸の時代（けつのじだい）の次が祖の時代（そのじだい）今が皇の時代（おうのじだい）で最後が藝の時代（げいのじだい）を経て新たな次の時代へ引き継ぎます。

【まとめ】

・**一万年周期で各 2500 年× 4 つのプログラムで**
　この世界は動いている。

・2500 年ずつヒルの時代・ヨルの時代を繰り返す。

・秸の時代 (低次精心文明) 樂しみから学ぶヒルの時代

・祖の時代 (低次物質文明) 苦しみから学ぶヨルの時代

・皇の時代 (高次精心文明) 楽から学ぶヒルの時代

・藝の時代 （高次物質文明） 喜びから学ぶヨルの時代

・一万年ごとに数十メートルの大津波により世界は洗い流
　され新しい時代へ移る。現在 46 代目地球人の時代。

・2500 年ごとに神様が交代し、進可の学び方が変わる。

・**今は宇宙が生命の進可のために用意している新しい時**
　代です。

・現在、2020 年は祖の時代が終わり皇の時代へ入って
　から 11 年目くらい。

　プログラムの変化により世界の全てがこれから変わって
いきます。早い人は既に変化を感じて何か変だといい始め
ています。

5 祖の時代から皇の時代へ交代

　ヨルの時代の政治は、ピラミッド型の中央集権でした。ヒルの時代の政治は聖慈と書き、**国民の自立に寄り添い見守る聖慈**となります。これは宇宙プログラムの変化によるもので人間の力では変えられない変化です。2009年から徐々に于由光線が当たり始め、ヨルからヒルの時代へ移行が始まりました。つまり祖の時代が終わり皇の時代が始まったのです。この二つは真逆の関係で、祖の時代に生まれた全ては、一度皇の時代の移行期で壊れます。これは二つの時代のもつエネルギーが違うので自然と壊れていくのです。政治も聖慈へと変わり、経済も恵財へと移行します。幸せのルールがどちらも違い、善悪の認識も変わります。ここでいう善悪とは、あくまでルールに従うものが善で従わないものが悪と表現されます。人道とは全く違います。

　時代の交代により変化したものに、幸せのルールである三種の神器があります。こちらを見ると政治・経済がいか

に変化を起こすのかが理解できると思います。

　祖の政治はあくまで政府主導の保守勢力有利型です。庶民は奴隷で税金を納め、高官が儲かる仕組みを作り税金を搾取してきました。地方議員にもお金が集まるのです。

　皇の聖慈は国民が楽に樂しく生活できるようにレールを敷く役割に変わります。今は自分たちの私腹を肥やす政治から国民のための聖慈への転換期ですから、税金の問題や、政治家・官僚への批判が高まり給付金や補助金という国民への還元が始まり、どんな人も安心して能力を発揮できる環境へと変わります。

　政治とは異なりますが、皇の時代に世界中の人々の縛りが解かれることで起こる変化があります。国が一つになるという意味ではなく、他国との距離がなくなることで、パソコン一つで仕事ができるようになることで、国の壁が薄くなる環境です。住みやすい国へ出国して働く人が増えていきます。「隣国との壁が薄くなり世界は一つに向かっていく」という意味です。交通手段も早くなり目的地に楽に行けるようになります。産まれた国と働く国が変わります。

なにより今、争いを起こしている地域は祖のエネルギーが噴き出ているので仕方がないのですが、現地の人に問いたいです。どんどん楽に樂しくなる時代に、争いで命を失うのはどれほど残念な事かと。今まで出会ったことのない世界へ今、向かっているのですから。

6 三種の神器の変化

祖の神器と皇の神器は全く違います。すでに本を読んでいるあなたなら覚えていますか？ 何度も説明しますから理解して自分の中にある祖の三種の神器を終わらせてください。三種の神器は鏡・玉・剣から本・輪・器に変わりました。今回は政治、経済に特化して説明いたします。

【祖の三種の神器】

祖の時代の三種の神器は、「鏡・玉・剣」です。政治では「支配すること・お金・権力」経済では、「ごまかし・自然から盗む・他人を苦しめる」などが具体的に表れて

いました。

「鏡」は支配やごまかしを使い、ウソに信じて従うのが庶民です。庶民にとって権力者は絶対でした。逆らえば殺されたのです。国政で権力争いが日常茶飯事なのは、幸せは苦しみから学ぶのが、祖の思考でありルールだったからです。もちろん、全ての人が右を向けと言われたら必ず右を向く社会です。戦争もこの延長上にありました。

経済面では、商品のうそやごまかしが横行しました。誇大広告も後を絶たず、国の法律で取り締まるも、いたちごっこが続くのは「鏡」という、うそやごまかしが善の時代だったからです。

「玉」は自然界から盗むという意味で化石燃料や金・銀などの鉱物、自然の土地を自分達の物にして年貢や税金を払わせていました。

「剣」は他人を苦しめるというルールでしたので、「会社で体力も気力も奪われ心が折れて自殺するケース」まで起こりました。他人を苦しめるほど地位は上がり、資産も増えるのが祖の三種の神器（幸せのルール）です。

不条理な世界があったのは、于由光線が当たらない枯渇したエネルギーの時代だからです。エネルギーは使うほど減るために、ため込む祖の慾が働きました。どんなに資産を得ても足りないという慾が奪い合いや戦争にまで発展するのです。金貸しが横行して、更に貧乏な人が増えました。

　庶民の生活の苦しみとは真逆に物質社会は発展し、技術はうなぎのぼりに発展しました。2500年間を経て人の心が疲弊するのとは逆に、物質的な豊かさは格段に飛躍しました。これが祖の時代の低次物質文明を進可させるという目的です。

【皇の三種の神器】

　皇の時代の三種の神器は「本・輪・器」ですから「自立・波動の合う仲間・AIなどの器械」となります。政治の世界では、「プロ養成・起業支援・介護AI」などが現在進行しています。

　「本」のプロ養成のために給付金をだしたり規制緩和を

28

したり、学校のプログラムにネットワークを取り入れたりという変化です。今後は小学校１年生から一人一台のパソコンを実装していくようです。子供のころからプロ養成、自立支援を行えば、社会に出たころにはいくつものプロ集団が活躍します。

「輪」の起業支援は、「現在才能はあるが、資金のない人たち」への支援です。こちらもネットワーク支援や様々な給付が行われています。

「器械」はAIが進化してきていますが現在デジタルツインというもう一人の自分をネット上に作り、ゆくゆくは介護の一翼を担うAIへと進化させるようです。

経済の三種の神器は「自立・グループ・パソコン」です。社会的自立は皇の時代の目標の一つで、全ての人の課題です。将来的に魂職という自分にしかできないプロフェッショナルな仕事に出会い、自然と自立していきます。

「本」は自立をさす幸せの三種の神器で、魂が何度も繰り返し記憶してきた仕事によって達成していきます。自立というと経済的自立も含まれるので、生活は更に自由にな

ります。家族と暮らしていても各自がアパートで暮らすようにバラバラに生活するようになり、将来的には一人で住む方が縛りもなく、時間的にも自由度があがるため、離れていきます。

　「輪」という幸せのルールは、絶対的自由を守ることで成り立ちます。例えば、グループで作業をする際、一人でも賛成しなければ作業工程は定まりません。これは皇の時代の三大原則のひとつでもあります。満場一致の法則にしたがうと、グループは徐々に小集団になり、気の合う人同士でミッションを作る形に変化します。この小集団は、一人ずつがプロフェッショナルで意見を出し合います。更に自分と同じ分野の人は一人きりで、競合する相手はいません。同じような能力で無駄な人員はいらないのです。あなたが誰かと同じ能力を持っていたら、皇の時代ではどちらかが会社を去ることでしょう。一つの能力を何人もで兼任することはなく、自分の能力を発揮して波動の合う人と仕事をすることが通常となります。最終的には全国一斉に流行る事もなくなり、大きなプロジェクトは減っていきます。

　最後の「器械」は、AI やロボットに代表される、人間を助けてくれる存在です。すでに工場はオートメーション化され、人間は管理するだけとなりつつあります。高齢者でも働ける環境の整備も進んでいきます。もちろん重い荷物を持つことも減ってきます。

　ガラケーからスマホへ世界中が変化したのは、スマホが小さなパソコンだからです。パソコンは世界中のいたるところで全世界をつなぎます。どこにいても世界の出来事が判り、国境もありません。これが皇のネットワークです。誰とでもつながり、誰とでもビジネスができる、変革はすでに進んでいます。

　祖の時代から皇の時代は、真逆の世界に移行します。早く自然の流れをつかんで楽に樂しく生活しましょう。

7　政治から聖慈へ

　祖の時代の政治は、争いとごまかしのルールでした。国民から税を奪い、豊かな生活とは程遠い貧困を作り、政

策も国を守るものが多く、国民は支配のもとに2500年間を過ごしました。

　皇の時代は、与え見守るための聖慈（せいじ）と書きます。国民が幸せになるための環境作りが聖慈家の仕事となります。つまり聖慈は、将来的に衣食住を全てただになるよう考えて施策を立てるのが、役人の役目となります。国民が幸せになれない国は、国として存続できずに解体します。全ての国民が豊かで与える事が自然にできる共生社会へと進みます。これを支えるものが聖慈なのです。

8　2500年間の政治

　祖の世界の政治は、国家という形で行われてきました。しかし、3000年以上前の縄文時代は国家ではなく集落でした。秸の時代の集落から祖の時代の国家に移行していく過程で「備蓄」という概念が育ちました。この貯めこむという価値は、縄文時代に重要ではありません。重要になったのは、祖の時代に貯えないとエネルギーがなくなる

プログラムに変化したからです。于由光線が当たらなくなるとプラスのエネルギーが届かなくなり、『エネルギーを消費すると減る』というルールに変更されます。ため込む量により権力の上下が発生しました。

　多くの食料をため込むと腐ります。これを回避するために物々交換が行われます。足りないものを交換しますが、物はそれぞれ大切さが重要度が違います。お金はこの違いを埋めるために価値観という存在で生まれました。お金の所有量が、権力にも結びつきました。お金だけではなく希少価値のものであれば、なんでも宝となり財宝に発展したのです。

　祖の時代の政治は、ピラミッド型の中央集権です。朝廷が地方の末端までを支配するためにお金と権力を使いました。のちに述べますが、幸せになるための三種の神器「鏡・玉・剣」は政治では「支配すること・お金・権力」を指しています。政治の世界はこの三つが使われてきました。権力者がお金を握り、多くの家来を抱えることが必要でした。世界中でも王国はまさにこの支配で出来上がって

いました。日本だけではなく、世界中がこのルールに沿って動いていた為です。もしこのルールに沿って政治がなされていない国があれば、植民地になっていたでしょう。これはヨルの神様である彌生神の司る世界共通ルールなので、善悪とは関係ありません。各時代を見ても、中央の国王や大臣が全ての決まりを作り、地方の貴族や大名へ決まりを守らせてきました。近代の政党にしても都道府県や市町村に支部があるピラミッド型の組織で、しがらみや利権が投票結果に反映されています。政治家たちも誰もが「国民のための政治」と選挙のたびに口約束をしていますが、公約が守られるのは一部だけで、結局は派閥の権力争いに明け暮れてきました。

9 中央集権からの変化

　祖の時代は中央集権の上から下へ指令を降ろす社会でした。上層部で決まりを作り、現実とはかけ離れた政策を実行することが、苦しみを生みました。しかしこの祖の時

代のルールは社会のルールという苦労を課すのが目的です。決して現場で政策を作っていた人が「政策で人々を苦しめよう」としていたわけではありません。あくまで政策を作っていた人は、祖の時代の先祖や神にコントロールされていました。**私達の体は皿（ぺい）と呼ばれ、魂はこれに入っており、神のコントロールで動いていたにすぎません。ここに本人の意思はありません。**ただし、多くの人を苦しめるほど地位は上がり、先祖に可愛がられたという結果はありました。可愛がられることで地位は上がり、お金も増えるという循環になっていたのです。これは祖の時代のルールでした。

　これが現在、皇の時代へ移行し変化が始まりました。皇の時代は中央集権から草の根運動へ変化します。この変化の始まりは、SNSです。SNSで自分の不満をあげるようになり、これに賛同する人がどんどん声を上げ始めました。そして、全世界の人がこの発信を見ています。

　もしこれが200年前ならどうでしょうか。政治犯として捕まる時代だったかもしれません。現在も中央集権の力が

強く、祖の力が勝る国では、国民が政治批判をしただけで捕まったり殺されたりと当たり前に制裁がなされます。

　日本でも 90 年代に入り政府も激動期を迎えます。1994.8.8 のプログラムの変更と皇の時代への準備始まったために、それまでの政党のやり方が通じなくなっていきます。政党の分裂と自民党の敗北、様々な変化を遂げて皇の時代へ入りました。皇の時代の三種の神器は、「本・輪・器」ですから「自立・波動の合う仲間・AI などの器械」です。国民自身が自立を始め、自らの意見を持ち、利益追求から命の大切さを問う政治を望むようになります。

10　国民の興味の変化

　皇の時代に入り大きな変化は、投票率が下がり政治への興味がなくなってきたことです。なぜ自分たちの生活を決める投票にいかないのでしょうか。皇の人は政治に興味がないのでではなく、投票に行っても行かなくても興味があり発言する人は、どんどん SNS で発言をします。実際、

政治の場に参加して立候補をする人も出ています。祖の時代のように先祖代々議員の家系とか、村の長であるという事に関係なく、自分がやりたいと思って立候補をするのです。この SNS での発言は単に炎上などの一部の出来事にすぎません。しかしこの方法こそ今後のひとつの決まりを動かす手段となります。

コロナ禍で低所得層へ 30 万の支給から、全国民へ10 万の支給に変わったのも、多くの人の発言を政府が汲んだ形になりました。ただし自分の意見が単なる非難では人々も、まして政府も動きません。多くの人の利益と損失のバランスが一致した時に動きます。

NGO（非政府組織）も活発になり、世界への発言力も強くなります。将来的には問題の掘り起こしを民間がすることになり、国は外国との交渉が主になります。これはそれぞれが役割を分担し、資金の提供や直接社会問題の指導をする機関と分けていくことに意味があります。

皇の時代の三種の神器「輪」が少グループごとに課題を持ち担当して解決にあたる意味があるからです。大きな

組織が全てを担うのは祖の時代の方法でした。中央集権的な影響力は皇の時代において徐々に減っていきます。

　国会議員の立場や市議会議員の発言権も対等になっていきます。国会議員へ市議会議員が政策を頼んでも、国会で願いは叶わないことが解ってきたからです。一議員の力では全体を動かせなくなっていますので、立場も変わってきます。むしろ、市民から直接意見や協力を得られる分、市議会議員の方が市民の願望を実現しやすくなります。地方と国政は支配関係が薄れていきます。国民の幸せを後押しするという目標によって連携する形が変わります。すでに各地方の知事がメディアを通して国への要望をどんどん表明し、Twitterで発言し市民の支持も同時に集めています。街頭演説よりも確実に人となりが判り、隠れファンも増えていきます。

　この方法は多くの人が注目しているので、注目度が高いほどSNSで炎上し、失敗して非難を浴びると辞職に追いやられます。しかし皇の時代は、失敗後にどんな対応をするのかを見てくれるようになり、非難だけで終わるのでは

なく、「間違いはただせばよい」という思考にシフトしてきています。

　ただし、「間違いのただし方」をはき違えると、社会的に抹殺されてしまう危険はあります。中途半端な甘えは通用しません。心からの反省を求められる厳しさも皇の時代の自立のルールが働くからです。この心からの反省とは皇の思考では、うそ偽りのない心という意味となり、事実かどうか、という意味ではありません。当人の心を問う事が一番の関心事となります。

11　祖の争いから皇の共生へ

【祖の時代の争う理由】

　祖の時代は、相手の土地や民を奪い、より多くのものを略奪することで、先祖に愛されて沢山の報酬をもらう事ができる環境にありました。先祖にゴマをすることが得意な人ほど裕福となり、人を苦しめるほど寵愛され地位も上がるのですから仕方のない事です。

これは、人間の肉体である皿（ぺい）の中に、あなたの魂以外に神・神・先祖・先亡縁等、多くの方が入っていて「あなたは何を選択するのか」をコントロールされていたことに原因があります。あなたは自分の意志で何もできず、ただ決められたルールに沿って生かされてきました。これが祖の時代に苦しみから学ぶという、あなたがしてきた修行の方法です。誰のせいでもなくルールでありプログラムです。

　争いが戦争を呼び、多くの人の苦しみを生みました。祖の時代の戦争は自然のルールが働かず『社会のルール』の争いから来ています。そもそも于由のエネルギーが枯渇しているのが祖の時代で、秸の時代（けつのじだい）に蓄えたエネルギーを奪い合う時代です。どうしても他人の物を奪う事でしか豊かになりません。自分が生き残るための戦争もありましたが、他人の物を奪う事が目的でしたから、奪われた人は苦しみぬいた事でしょう。

　祖の時代の2500年間、権力者はエネルギーの枯渇を恐れてひたすら抱え込むために奪い・争い・戦争をし続けました。

【うそ・ごまかしが善なるルール】

　更に、うそやごまかしが三種の神器でした。あなたも、うそをついてごまかすことを日々していたのです。ですから政治の世界がごまかしであったのは祖のルールであり、当たり前で善だったのです。善とは、正しいことではなく、人が進可するために必要な、ヨルの時代のルールそのものです。この善に対する悪とは、人間の進可を止める要素であり、これを指して言います。ここでいう善悪の意味と人間界で言う善悪とは違います。あくまで人の魂が進可するためのルールと理解してください。

　ですから善だからと他人の生きる権利をはく奪したら、それ相応の結果は起こります。この境目は個々に違います。

　皇の時代に入り考え方は逆転します。「戦争は悪で争いは必要がない」と多くの人の中に広まっています。というのも、皇の時代は于由光線のエネルギーが降り注ぎ、あなたにも自然界から与えられる恵みが増えてきています。以前のように不足することがなくなり、使えば使うほど増えるので、他人から奪う必要がなくなりました。これはコロナ

41

禍にあっても給付金や助成金で体験しました。

【皇の時代の共生】

　日本が開国してから 166 年がたち（1854 年開国）多くの国といろいろな条約を結んできました。日本がお金を出して物資の援助をするという内容の締結も多くあります。しかし、一部の役人が物資の横流しや横領をすることで貧しい人に届かないという問題も起こりました。

　またお互いが、条約を締結して平和を守ろうと努力もしてきましたが、祖の時代は奪い争う事がルールでしたから、何度も約束は破られ争う事が繰り返されました。これを見てきた国民が政府に対して不信感を持ち政治参加を拒否する運動が起こっているのも事実です。

　皇の共生は互いが支え合うという意味の共生です。お互いが持つ技術や労働力、資材などを出し合い、社会問題を解決していく形に変化します。お金や軍事を提供して監視するようなものではありません。争いが起こる原因を明らかにし、互いの技術提供で解決する道を、民間も含

めて模索が始まります。この段階で政府だけが世界の問題を解決する必要はなく、多くの使命を持った団体がそれぞれの問題にあたります。民間の慈善団体だけでなく、企業も現地の労働者と協力して自立の支えをし、質のよい商品を提供してもらう事でビジネスも成り立ちます。

12 共生社会の契約

　祖の時代は、全員を同じルールで縛るという決まりがありました。ですから契約事も多くの人が関わる事に特化され、多数決が採用されました。必ずしも全員が賛成できるものではなく、後日不信を招く結果にもなっています。

　しかし、皇の時代は契約自体が満場一致の法則（自由意志の尊重）が働きます。自然と契約内容は、関わる全員が納得するものとなる必要があります。当然、参加者全員が納得してから契約は結ばれます。契約内容に全員が満足するためには期間も短くなり、範囲も狭くなります。国ごと、地域ごと、集団ごとに契約を交わす外交が増えてい

くでしょう。そして、誰にとっても、どの方角から見ても利益のある契約となっていきます。

13 他国侵攻・他国非難がもたらす未来

　現在、祖から皇への移行期ですから、まだ祖のルールで動いている国もたくさんあります。自国の利益だけを追及し、他国に侵攻し、非難を繰り返す国は、始まりのルールが祖のルールなのです。しかし、すでにエネルギーは皇のエネルギーに変わり、ルールは自然の力が及ぶルールへと移行しています。ルールの変更が起きて国民の意識が変化し、自分達の生活を守る政策へと転換を図る政府は今後自然からの援助が望まれます。雨の降らない地域に雨を降らせたり、大水の出る地域の雨を減らしたり現在自然界の決まりを変えています。

　しかし、祖の思考で国民に苦を強いる国家や他国を責める事で団結しようとする国家には自然の強い浄化作用が働き、思考が変わるまで苦難は続きます。実際に台風

がありえない進路をとったり、自然災害の被害が尋常でな
かったりと、近年被害規模の大きな災害に発展しています。
あくまで自国民が心地よく幸せに生きる環境を考えて実行
に移す聖慈こそ望まれる聖慈家の在り方です。聖慈家自
らが他国侵攻を提唱したり、教育で争いを指導したり、人
の道に踏み込むなど何が起きてもおかしくありません。トッ
プがコロコロ変わる聖慈は大事故や暴露、天災被害もセッ
トであることをみれば変化を感じる事が出来るはずです。

　また、自然の浄化作用には種類があります。（また自然
環境４で述べていきます。）水害、火災、風害、虫害、
土砂災害、雪害などです。自然が怒ったから人間に反撃
をしているのではありません。こういった言葉で非難を引き
起こすこと自体が祖の思考です。これらは、浄化作用の
一環で棲み分けという地球環境の変化から動植物、人間
を守るために起きています。被害地域に再度都市を築け
ばまた災害が来ます。全ては災害地の恵みととらえ、危険
地域からは離れて暮らしましょう。非難は何一つメリットを
生みません。自然の浄化で災害を招かぬように願います。

————♡————♡————♡————♡————♡————

コラム　−争いをやめ命を守ろう−

　これからどんどん楽でたのしい世界へ移行するのに

争いで命を失う人たちがいることはとても残念です。

戦いを仕掛けるには命もかける覚悟なのでしょうが

のんびりとした野山に佇んだ時

　本当に争いを続けて死ぬことが必要なのかを問われたら

死ぬことを選ぶ人はいないと思います。

　たぶん、上からの指示で動かされ煽られているのでしょ

う中には「こんなことは馬鹿らしい」と気づく人がいること

を願います。

　一刻も早く争いを終わらせ楽しいエネルギーを受け取り

自分の魂にもとづいた職に出会い充実した日々を向かえる

よう願っています。

　コラムを読んだら心の中で戦争や紛争が終わりますよう

にと願ってください。

　あなたの思いが天に届きますから。

————♡————♡————♡————♡————♡————

第二部
祖の経済

1 不幸を売るとは

　祖の時代は宇宙レベルがマイナス1であり、どんなに努力をしてもマイナス1のレベルに下がってしまうというプログラムで動いていました。これは于由の周りを第三惑宇宙が公転して11週が終わり12週目に入ってから変化しますので、祖の時代はずっと宇宙レベルがマイナス1でした。しかも、祖の時代はヨルの時代であり于由光線が当たる事のない暗闇で取引をしていました。祖の時代が不幸を売る産業であったのは、このヨルの時代が苦労から学ぶものだったからです。心のない時代に闇の中でする取引は、悲しみ、苦しみ、悩み、怒り、不安、不満、病気、老化、恐怖、死、いさかい、争い、脅し、詐欺こういったものを対象に商売が成り立っていました。人々を苦しめる商品、人の不幸を対象にした商品、不幸に備える商品、平たく言えば人の困ったことを解決する商品です。

　あなたは今も高額商品に毎月お金を投じていませかん？あなたが本当に必要としているものではなく、周りの目を

気にして購入したり、勧められて仕方なく購入したり、他人に劣りたくなくて購入に至ったというものばかりではないですか？　このため必要経費は毎月膨大となり赤字で、休む暇もなく、働き続けるループが形成されてしまいます。更に疲れ果てて何も考えられない苦しさまで背負っていたのです。そして不幸商品は、次々展開します。不幸に備える産業が発展し資金はどんなにあっても足りません。保険や投資は、まさにこれです。『現在起きていない未来の不幸に備えるため』という皇の時代に衰退を始めた商品がこれです。例えば、年金ですが「今使えるお金ではなく将来もらえるお金」の為に払い続けますね。しかも年々支払う年金は上がるのに、もらえる金額は下がる傾向にあります。このようにもらえる総額の決まりのない、不可解な商品はたくさんあります。

　ごまかしがルールの、祖の時代ならではの商品なのです。皇の時代にはどんどん下がり、元手がゼロになっていく分野です。しかし祖の時代のエネルギーは、あくまで使えば減るものでしたからお金も然り、減るものは増やそうと

必死になるのが当たり前です。増やすために賭博、投資、土地ころがし、お金は動かせば動かすほどお金持ちに集まります。庶民が手を出せば全部没収され、容赦なく借金が膨らみ、最後は家族を売って赤字をまかなう人も出てきて人身売買業が発展してしまいます。心が育たず物質のみが発展する社会の闇は、子供らの臓器さえ売買しています。弱きものはどこまでも搾取され、強きものに全てが集まり2500年間は終わりました。これが不幸を売る産業の結果です。

やっと樂しいことが中心の世界に入りました。この2500年間のプログラム変化は宇宙のルールであり神も自然界も変更はできません。祖の産業が広がろうとすれば皇の自然界がこれを抑えようとし、無理強いすれば確実に自然災害という変革がやってきます。

2 不幸の形

ここで今現在、祖の苦しみが残り、皇の樂しさと分離で

きない人の為に苦労とは何かを解説しましょう。「自分では
何でもない」と思いながら苦しんでいる人を見るたびに、
私も苦しくなりますから、一刻も早く皇のルールに切り替わ
るために解説いたします。

　不幸とは、判りやすく言うと健康、金銭、人間関係の三
種類のどれかで出現しています。祖の時代は、この三つ
の中で不幸な事は起きました。慢性的にお金が足りない
人、健康を害して苦しむ人、人間関係でトラブルが続く人、
あげればきりがありません。あなたはどんな不幸を抱えて
いましたか。最低でもひとつの不幸がありましたが、三つ
の不幸が重なると耐えがたいものがありました。

　健康面の不幸は、突然死・老化・怪我・障害・慢性病・
急性病・薬・薬害・診断ミス・ウィルス性疾患・奇形など、
家族が突然死する恐怖、年老いて自分の心がぼけていく
不安、自動車事故など先天性のみならず後天性の障害に
よる負担、薬が合わず起こる薬害、病気による死への恐
怖と日々苦しみは絶えませんでした。以前資産があり地位
もあり裕福で幸せな家族の話を聞きました。「ある日突然

娘が脳腫瘍で 29 歳にて亡くなった」というものでしたが、親御さんの苦しみは計り知れません。どんなにお金を積んでも娘を直してほしいと泣き崩れたそうです。当時「どんな人にも不幸はあるのだな」と思いました。

　お金の苦労は、ほとんどの人が経験済みではないでしょうか。「お金さえあれば全ての問題は解決する」と思う気持ちは、命よりお金が大切という心理を呼びました。お金の為に娘を売るというのは、江戸時代以前で多くありました。今も世界を見渡せば、当たり前にあるのかもしれません。命よりお金が大切というのは、こういう習慣からも来ているのでしょう。

　最後の人間関係とは特に愛情のトラブルで苦しみました。「お金はなくとも愛がある」というキャッチフレーズがある中で、裏で不倫や浮気に泣いた人は多いと思います。最近では、愛情を盾に暴力をふるうドメスティックバイオレンスという人も出てきて、家庭内での子供の致死率が一番高いともいわれる虐待が横行しました。全て祖のプログラムからくる不幸の連鎖です。

　私達は物事に善悪という基準を設けていますが、宇宙には善も悪もなく、死さえもプログラムの一環にすぎません。過去は、他人を苦しめる事がプログラムであった時代ですので今、ここまで述べる事が出来ます。

　これら三つを「自分を中心に考える」と、自分の肉体・心・環境という自分を取り巻くすべてに苦という魂の学びがやってきていたのです。

　今回は政治・経済編なので特にこの点で解説します。政治犯という言葉がありますが、先ほど述べたように宇宙に善悪はありません。政府が間違っていると唱えれば当然祖の時代に権力者は、犯罪として唱えた人を罰したでしょう。罪とは、祖のルールから外れたという意味で、人道から外れたという意味ではありません。これが祖の時代のルールだからです。

　経済においてお金は、ない人からある人へ流れました。貧困はこのルールにより作られて苦しみを学んだのです。政治という場面では権力者が守られ、経済という場面ではお金持ちが守られたのです。これが不幸を作るプログラ

ムなので、あなたの能力とは一切関係のないルールです。これが不幸の形ですが重すぎてきつくなってきました。少し皇の時代、祖の時代の比較を交えていきましょう。

3 祖の時代から皇の時代へ

　経済的変化はヨルの時代である低次物質文明と、ヒルの高次精心文明の違いを見ても明らかです。低次物質文明では地中の資源を自然界から無断使用して物質文明を進化させました。以下はその代表です。

・車、飛行機に代表されるガソリンを燃料とする移動手段。

・石炭による火力発電に始まり原子力発電。

・金や宝飾を地中から掘り起こし高額で売買している。

・土地は誰の所有でもないのに税まで徴収する。

・野山の恵みを採っては売る。

・水を売る。

・ただの水に税をかける。

　こういったことが許されるのは、自然の神がしゃべらない

からです。もし、原油を掘り起こそうとしていて地球が「私の体を傷つけるのは誰ですか。とても痛いです」と言ったら誰も原油を掘らないでしょう。水晶を洞窟で掘り出したら血が出て「痛い」と泣かれたら中止します。自然界を地球の肉体と考えるのなら、人間がするのは地球の上に立ち、空気から材料を取り出し加工して生きる方法になるのです。これが皇の加工であると知ってほしいです。

　祖の時代は于由光線が当たらず心の成長が止まり、他人の物を盗んでも心の動かない時代です。おかげで物質文明が発展し、狭い土地でも多くの人間が暮らせる便利な社会が発展しました。高層ビルが立ち並び、飛行機が飛び、人は歩くことなく移動できるまでに発展しました。低次物質文明は次の藝の時代で高次物質文明へと進化します。その前に皇の時代では、高次精心文明が魔法のような技術を構築し、今までの技術を空気から物を取り出す技術へと発展させ次の産業へ繋いでいくのです。エネルギーの変化は、自然環境・エネルギーの章で後日、展開いたします。

4 経営から恵榮へ

　今までの経済は大量生産、大量消費により、作っては壊す破壊経済でした。右肩上がりの上昇志向で成長することが目的となり、昼夜問わず働き、地位・権力・財産が上がるほど勝ち組であると思われてきました。学歴社会は競い合いの上下関係を生み、高学歴・高収入・高身長でなければ結婚もできないという不可解な風潮を作り、ますますピラミッド型の支配を強めていました。どんなに財を成しても欲しがる慾を精神的貧乏性とするなら、貧困は経済的病気でした。

　格差は開く一方でしたが、ついに皇の恵財が始まると、リーマンショックやサブプライムローン問題など経済が突然破綻する経験をすることとなります。この体験から右肩上がりに邁進してきた経済は、バブルは続かないと気づいていきます。右肩上がりの経営を進めるために投資してきた多店舗展開や設備投資、人員増強が今回のコロナ禍でかなり打撃を受け、縮小に向かっているのは、今後の経

済が恵榮中心の皇風恵財に向かうからです。すでに皇の魂を持った若い人たちは物を欲しがる慾がありません。無理に働くことはせず、樂しく楽に暮らしたいとフリーターや派遣社員を選びます。遊ぶことや樂しむ事に重きを置いて、仕事は穏栄というゆっくりのんびりと発展する生き方を選んでいます。

　祖の経済が膨れ上がり作った資産は、いずれ全てなくなります。自然は全てを破壊して次の皇の恵財を築くので、今ある産業はほとんど消えてなくなります。財産にしがみついても、資産はゼロになるようにプログラムが発動しています。経営はあくまで大量生産でしたが、恵榮は産地直送やオーダーメイドが主流になります。うそごまかしの介入が出来なくなるので、中間マージンをとるシステムが崩壊します。

　皇の時代に入り変更が進む中、経営が行き詰まり倒産も覚悟をしている方も多いでしょう。しかしひとり一つの才能は有るので、自分の利点を生かせば生き残り、徐々に恵財へと移行しながら立ち直ります。この場合、月内に稼

いだお金は必ず一か月以内に使いきりましょう。皇の惠財は出力惠財、つまり慾を出して残すと、その分は赤字となります。これは皇のエネルギーが強くなるほどにはっきりと感じるようになります。自然や周りを観察していち早く変化に気づき、貯めこむ経営から支出惠榮へと切り替えてください。

5 お金と使い方

お金は使うと減るのが祖の時代でした。秬の時代、2500年間にため込んだ于由のエネルギーは、祖の時代に入り供給は停止しました。于由が当たらないヨルの時代に入ったため、この秬の時代にため込んだ「心を成長させるエネルギー」は、祖の時代の基礎となるエネルギーです。このエネルギーを出し惜しみしながら祖の2500年を動かしてきました。お金は、祖の減り続けるエネルギーの代わりにやり取りをする価値として生まれ、権力者が多くを所有しました。権力者にお金は集まり、庶民はお金を受け取っ

ても見るだけで次の瞬間、生活を維持するため手放すという繰り返しです。この時の苦しみは、命を失うような経験を多くの人がしました。

・お金があれば命が助かる

・お金があればよい教育を受けられる

・お金があれば健康も買える

・お金があれば幸せも買える

・お金で権力は買える

　庶民から考えると、お金は生活を維持するだけの価値でしたが、お金の集まる資産家や権力者には「お金さえあればなんでもできる」という神話が起こりました。しかし、この神話は皇の時代で崩れます。皇のお金に宿るエネルギーは、多くの人に配られ下へ流れる出力エネルギーで、使うほどに集まってきます。祖のお金は、お金持ちや権力者に集まるエネルギーで、どんどんお金を増やす人とお金が減る人に二分されます。

　祖のお金には支配エネルギーが宿っていて、支配者を好んで集まりました。だから庶民が一時的に大金をつかん

でも、本来の権力者や資産家へ流れて消えていきました。皇のお金は宇宙エネルギーを帯びているので、宇宙のルールに沿って生きる人を好んで集まります。昨今、仮想通貨ブームなどでにわか金持ちになった人で皇の生き方をしている人の手元には残っていることでしょう。しかし、祖の生き方をしている人には手元に残るどころか流れて負債まで作る結果となっています。将来は、どんどん祖の資産が減り、全て皇のお金に切り替わらない限り手元に残る事はないでしょう。

6　お金の価値について

　お金に対する価値観も変わっています。お金は貯めるものではなく、生活と樂しみのために使い、家や車も賃貸やシェアカーのようなもので所有する事はなくなってきました。貯える経営から使う惠榮に変わるのは、子由のエネルギー量による差です。エネルギーが高いとどんどん使っても減った分は補充する自然の力が働きます。物を抱えて振り回さ

れていると何も入ってきませんが、お金や物を適度に使い貯めこむことがなければいいのです。すでにこのプログラムを感じている人は、引っ越しの際に自分の持ち物は布団と服とパソコン・スマホだけです。

　祖の時代の所有物は、これから負の財産として経費が莫大となり、維持管理が大変になるでしょう。これを回避するには手放すことです。手放しが出来なければ1/3に減らすことです。1/3ルールというのがあり、1/3に減らすとプラスに転じるのです。抱えて手放せないのは祖の慾となり更に苦しみは増すでしょう。

7　慾について

　欲とは、「皇の時代の満たされる欲」と区別するために祖の時代は下に心のある「慾」を使います。

　祖の時代の慾は、どんなに持っていても満たされない、足りない慾です。もっともっとと欲しがる慾です。お金も愛も健康も力もどんどん欲しいという慾こそ祖の時代に社会

61

で善とされたルールでした。しかも精心文明である皇の時代から見ると慾は精神病でありエネルギーが低いために起こる病気です。エネルギーが低いために「足りない足りない」と欲するのです。足りない慾とは、どんなに与えられても満たされず、欲しがる慾です。

　例えばマザコンという人たちはお母さんを大切にする人ではなく、いつまでも母親の愛を欲しがる人達です。相手を大切にするのではなく、自分を大切にして他人より多くを欲する感情です。心が欠けている状態です。どんなに補っても欠けた部分から抜けていきます。日々嫌な事が繰り返されると、脳は異常になり正常な判断が出来なくなります。この正常ではない脳で考えれば当然異常な慾が生まれます。祖の時代は巧妙に人も物事もレールが敷かれて、あるがままの苦労を受け入れてきた結果、慾ももっと欲しがるようプログラムされていました。「誰がこんなひどいことをするのか？」と感じるのは、皇の時代になったからです。祖の時代では、「あなたのためだから」と言って苦しい事を我慢するのが当然でした。「楽をすると怠けている。楽し

むと遊んでいる。」とまで言われ、精神に異常が起きても
ひたすら我慢をして過ごしました。苦しみに耐える忍耐こそ
が美徳であると社会道徳を植え付けられ、自分の自由は
ありませんでした。これは悪でも善でもなくただの社会の
ルールにすぎません。社会全体の「暗黙の了解」というルー
ルです。

　足りない慾で多いのがお金です。一生かけて使いきれ
ないお金を次々求める慾はご存じですね。「全ての問題は
お金があれば解決する」と言って、お金を手に入れてた人
で幸せを求めて人間関係の上で疑心暗鬼になり、人間不
信になり、他人の優しささえ見失った人が多かったです。
慾にとらわれると、自分の意志が何なのかがわからなくな
ります。これは祖の慾なので現在もまだ祖の思考が残って
いる人が陥る事なのです。慾を捨てると「自分の支払い
が破綻する」という恐怖を背負っている人がこの状態です。

　愛も略奪愛、メンヘラなどの依存する愛、マザコンなど
の愛され続けたい終わりなき欲望が祖の欲するという慾で
した。これは病気であり肉体の皿（ぺい）に傷があり、そ

63

こからどんどん抜けていくために起こる慾でもあるそうです。慾が病気であるとするなら所有慾から DV に発展するのも解る気がします。

　他人に依存する慾の中には、支配欲もありました。祖の時代は上に全てをあげる法則でしたから、支配される人間は支配慾のある人間に支配されるしかなく、苦しみ従うしかありませんでした。支配という慾は単純に足りない慾だけではなく、権力・力と結びつき暴力となりました。言葉や肉体、皇の時代で虐待やハラスメントと認定される全てが祖の時代では当然の権利として支配する側が行使したのです。皇の時代から過去を見ると、あまりに感覚が違いすぎて、私は祖のあの頃を思い出すこともできなくなりつつあります。あなたも早く全てを忘れてください。一つとして自分の自由ではなかった慾もお金も、皇の新しいルールによって自分に必要なものは揃いますから。必要なものは天に気持ちを向けて念じてください。「願いを天に放つ」このように表現されます。

ーーーー☆ーーーー☆ーーーー☆ーーーー☆ーーーー

コラム　－支配欲－

　支配欲は誰にでもあります。

　支配欲がないという感情がある限り『ない』という『ある』

があります。

　という事で、今回は支配欲を見つめようです。

　この支配欲はもちろん【祖の時代】に育てた苦しみを作

る欲です。

　慾【祖のよく】と欲【皇のよく】で分けて書きますが、

慾は人を苦しめ、欲は自然の愛で育ちます。

　暴力はそもそも、この慾を育てたことに原因があります。

慾を満たそうとしても永遠に満たされることは無いのです。

なぜならあなたを苦しめるためにあるのが慾ですから。

　慾を捨てる事は既に出来ない人はなるべく慾をみつめな

いようにしてほしいですが、これも出来ないでしょうから。

　【皇】の育てる欲を知って欲しいと思います。

　人は欲がある事で必死で求めるものです。

　欲がない人は何でも良いと感じるのですから。

欲はとても大切な心の渇望です。

しかし、他人にこの慾が向くと相手を支配したくなり、相手に自分のストレスを向けたり、満たされたくて相手に八つ当たりをしたりとどんどんエスカレートする傾向にあります。

お互いがわかり切ったプレーのように接することができれば、遊びになるのでしょうが、こんな都合の良い人をパートナーに出来る人は少ないですね。

ではどうやって慾をコントロールすれば良いでしょうか。まずは自分の中に他人を支配したいという慾がある事を見つめましょう。

そして、お互いが別人格で自分は自分だけを自由にできるのだという現実を受け入れましょう。

※この一言で解決する人は少ないでしょうが。

今、この文章に私もあなたの慾を払うエネルギーをのせますから一緒に払いましょう。

実はこの感情をコントロールする者に『鬼』というエネルギーがあります。

　ここを払わないと抜けませんから。

　『鬼』は【祖】の監視役でしたので。

　今、この文章を書いているだけで目眩がして世界中がクラグラ揺れています。

　変なエネルギーです。

　捨てられる人から捨ててくださいね。

※支配欲は相手が思い通りに動かないことに腹が立つ感情で現れます。

ーーーー☆ーーーー☆ーーーー☆ーーーー☆ーーーー

8　所有の終わり

　祖の思考は所有慾に代表される自分で持つものの価値です。あなたは1000円の時計とロレックスの時計で、どちらでもよいからプレゼントをしてくれるとしたらどちらを選びますか。もちろんロレックスの時計だと思います。将来売ることも視野に入れてロレックスの時計を選ぶでしょう。この時計を所有するだけで自己満足があがり、満たされる

人もいるでしょう。では、この時計プレゼントの件を皇の思考を持つ若者や子供に聞いたら何というでしょうか。実際に聞いてみました。「自分が欲しいものでなければいらない」「スマホで時計は見るからいらない」「ロレックスの時計なんて知らない」既に自分中心の思考では、他者からもらうものは自分の欲しいものではないからいらないという思考になるのです。つまり、所有すると物が増えるからいらないというのが根本にあるのです。

　祖の思考は必要かどうかですが、皇の思考はシンプルに生きるにはレンタルでよいという姿勢に変わります。家も買うより借りる、車もレンタルで必要な時に乗りたい車を借りるという社会へ変わります。所有することが不利であるという出来事が起きますので。

9　祖と皇の境目の見分け方

　日々楽に暮らせている人はどれほどいるのでしょうか。まだ皇への移行期であり500年続くのですから、祖のエネ

ルギーで動く人は沢山います。自分の中で苦しさが残り、拭い去れずにもんもんとする人ばかりなはず。今回は、この境目を見る目を解き明かしましょう。

　まず「苦をつかむ。苦しい事を思い出す」などの苦しさはの代表は自己否定です。仕事をしていて職場の仲間と比較をして自分の劣等感を刺激してしまう事はありませんか？　職場での劣等感をあげてみましょう。

・仕事が進まず時間内に処理ができない。

・仕事自体が好きになれない。

・同僚が出世したり評価されると落ち込む。

・給料がいつまでたっても上がらなくてつらい。

・男女の格差がある。

・嫌いな人がいる。

・見た目が気になる。

・自分には声をかけてもらえない。

・リストラされそう。

・リモートワークについていけない。

・やりたいことをしていても楽しくない。他に気持ちがいく。

・職場で自分のやりたいことができない。

・人と話すのが面倒。

・電話を取るのが嫌だ。

・売り上げを上げられない。

・シフトを決める際に、えこひいきがある。

・誰からも認められない。

・声が小さい。

・手順を覚えられない。

・家から遠い。

　書いていると確実に祖の苦労から学ぶ環境です。すぐ仕事を辞めましょうと言ってしまいそうです。

　皇の仕事は以下のような葛藤はありますが、劣等感のない職場に出会えます。

・仕事が樂しく、つまでも残業をしてしまう。

・スタッフは全員プロの持ち場があり、担当するミッション
　は常に自分に決定権があるのでこれが正しいのか悩む。

・皇の時代は私語禁止なので声掛けや電話対応などしな
　くてよくなる。電話は基本的にプロのオペレーターがいる。

・自分の入りたいシフトはいつも空いている。

・家から遠い職場には引っ越し補助が付く。

・心の時代なので見た目は徐々に気にならなくなる。

・売上も給料も同じで、必要なものしかもらえない。

・手順は感覚で解る。

・自分に合わない仕事は他の人の席だから合わない。

・魂職に出会えば居心地がいい。

　皇の時代へシフトすれば一つずつ変わっていきます。祖の境目であり皇への転換は、まず気づいて自分の中にある過去への不満は切り離すことです。だいたい祖の苦しみは、愚痴や怒り、不安や不満として現れます。自分が劣等感と共に不満を感じていたら、これは祖のエネルギーです。ただし、友人などから「もう恨むのは止めなよ」などの助言があっても「絶対に許さない」と相手を責め続けると、これは祖のエネルギーでだけではなく自分でそれを掴んで離さないから苦しむのです。

　自分を褒めてみて、改善するならこれは皇の部分で、自分を褒めようとして苦しくなるなら、それは祖のエネル

ギーです。過去にこだわったり、自分で自分を責めたり、自信がないと言い訳をして何事にも否定的だったり。自分では無意識のうちに選択している発想を止めましょう。

10 祖の終わりが見えるとき

　祖の経済は右肩上がりの儲かるものでした。皇の恵財に入りこの芽は様々な変化を見せています。というのも、皇の恵財は、使った分だけ入ってくる出力恵財です。使わずにため込む人のお金を狙って詐欺がとても多くなっています。詐欺の手口はどんどん進化しています。まっとうなビジネスに見えて投資という詐欺も増えています。今はお金を出すという力が増えています。特に祖の時代に作った財は全て皇のエネルギーを帯びたお金に入れ替えようという力が働きだしています。この為、ため込んでいる人から詐欺集団が盗む、土地やマンション・アパート投資と称して多額の現金を奪う、仮想通貨・FX・株などの差益で利益を出す投資の損失・脱税の発覚など高額なお金を動か

しています。これらに巻き込まれないためには、皇のルールに沿ってお金を使うことでまた戻ってきます。

　祖の産業は全て皇の産業へ移行します。変化を伴わない変更はありません。そもそも右肩上がりの経済が右肩下がりの恵財へと変更になりました。なんでも上がると信じて投資したものはどんどん減りますので、待てば待つほど苦境に立ちます。このマンションやアパート、土地などを再投資と称して投資家へ売りさばいていますが、下がる前に売りさばいているという力が働きますので、慾を捨てて何が欲しいのかを一度考え直しましょう。不動産の最後は、二束三文のただ同然の利益しか残らないようプログラムされています。

　だまされるという事は、誰かをだましているから起こる出来事です。自分の中のウソを再度見直してください。そして祖のお金に執着せず、自分の才能を見出し集中しましょう。何度も繰り返しますが、祖の産業は下がります。上がることを期待したビジネスは終わりに近づいています。

　お金を全て皇のお金に換える事はできません。生活して

いる限り少しの蓄えはいるのですから。もし分割支払いをしていたら早く払ってしまいましょう。貯金はない方が安全です。人に貸したお金も戻ってこないですから、過去をすべて捨てて皇の自然軸に合わせて過ごすほうが楽で樂しい魂職がやってきます。しかし、過去を振り返ったとたんに、祖のエネルギーが戻るので気を付けましょう。

ーーーー♡ーーーー♡ーーーー♡ーーーー♡ーーーー♡ーーーー

コラム　－魂に刻まれること－

　あなたの過去は全て魂に刻まれています。

　起きた全てが刻まれるようですよ。

　例えば、何月何日何時何分、あなたは蹴つまずきました。東京都新宿何丁目の何番地で、というように刻まれるのです。

　場所と時間、緯度と経度で刻まれるのかもしれませんが。なんか嫌ですね。

　全ての記憶が刻まれるというのも厳しいです。と感じるのは私だからでしょうか？

つまり、あなたが何度も過去の嫌なことを思い出せば思い出しているあなたも刻まれていくのです。

何度も何度も。

他人のことで自分の魂の記憶が埋まっていきます。

しかも嫌なことで。

なんか嫌じゃありません？

できたら楽しい記憶やお互いに感謝できる記憶。喜びや愛の記憶の方が嬉しいです。

あなたがもし苦しんでいるのならちょっと考えてください。一つでも心が満たされる記憶によって魂も喜び進化しますから。自分を満たす努力をしてください。

まとめ

出来事は全て記憶にとどまる。

魂の記憶として何億年も刻まれる。

だから、楽しい記憶を増やそう。

第三部
皇の恵財

1 産業は幸せ産業

　皇の時代の経済は、恵財と書き「自然界の恵みを自然が降ろして財と成す」という意味です。ひとりひとりが社長として独立し、経営は恵榮（けいえい）と書きます。恵榮は、穏栄というゆっくり栄えてのんびり働くことを言います。

　魂が記憶している魂職によって、全ての人はひとつの天才を発揮して樂しく楽に働きます。争いや競い合いはなく、のんびり働き、お金も毎月１人 80 万の資金を降ろしてくれる社会へと移行します。この 80 万は生活する全ての総額で、これ以上もらっても自分の器には溢れて出てしまうし、使わなければ止まってしまうお金です。このお金を使って自分の技を磨き樂しく暮らすのがこれからの生き方です。

　産業界も変わります。のんびりゆったり暮らす人に「不幸に備えましょう」という商品は売れません。幸せを感じ、自分を癒せる商品に切り替わっていきます。つまり皇の時代に流行る産業は、『幸せ産業』です。この幸せ産業とは、あなたが幸せになるためのバックアップをしてくれる商品で

す。もちろん祖の時代には在りませんでした。祖の時代の幸せとは、夢の国に代表される現実とかけ離れた場所で過ごす事が一般的でした。庶民はお金も時間もありませんでしたから、近場の夢の国と言えばディズニーランドでしょうか。夢の入場料は高く、気軽に行ける場所ではありませんでしたね。夢を実現させる産業も、人員や時間も大掛かりで、気軽に庶民の手には落ちてきませんでした。

皇の時代の幸せ産業は、商品から癒し、喜び、愛、幸せ、便利さを感じる事が出来る物です。不幸を取引する側面は微塵もありません。あなたが商品を手にしたときに感じる安心感こそ幸せ産業の証です。

物で幸せを売る他には、サービス業に多く出現します。現在人気のサービスに『本人に成り代わってぬいぐるみが旅をして写真を送ってもらう』というものがあります。旅の費用を援助してもらい、ぬいぐるみを預かります。あちこち旅をして、ぬいぐるみの写真を観光地で撮って出資者に送るのです。ぬいぐるみが旅をすることで出資者は旅気分を味わい幸せを共有することができるサービスとなります。旅

人はぬいぐるみを何体も持ち歩き、世界中で旅をします。出資者の希望の場所と旅行者が一致すれば契約成立です。なんとも楽でお互いがハッピーなサービスです。「写真だけでいいのか」と思われがちですが、このサービスこそ皇の時代の新しい客層を教えています。祖の時代は、ほとんどの人が認めないとビジネスになりませんでした。皇の時代は真逆です。巨大ビジネスだけが残るのではなく、コアなファンがずっと続けてくれるサービス型のビジネスがどんどん増えます。一部の集団が支えるビジネスこそ、皇の産業の支柱となります。

　まず、幸せが何かを考えてみましょう。全ての人が感じる幸せは全く違います。しかし、皇のルール、宇宙のルールで決められている幸せは型が決まっています。この幸せを売るという意味は、『自分の自由枠の中で自分が楽しむことができる』つまり『絶対的自由＆自立＆進可すること』この三つが成り立つものこそ最高の幸せを生み出すサービス＆商品です。あなたの関わる仕事はこれをクリアしていますか？

皇のビジネスは決まっ型があります。

　例えば、

・樂しくなるビジネス

・体が楽になるビジネス

・自分も相手も関わる人が喜べるビジネス

・器械を利用するビジネス

・自然を味方にするビジネス

　どれかに該当すれば更に飛躍するでしょう。

『他人の自由を奪う＆依存＆苦しみを対象にする』商売をしていたら危機を向えます。なぜなら宇宙プログラムの変更により、祖の時代の産業は強制終了に向かい動き出してしまったからです。困りましたね「プログラムの変更で倒産するなど冗談ではない」という声があちらこちらから聞こえてきそうですもの。だからこそ一番初めに経済について書こうと思ったのです。つまりこの本の意義は、祖の時代の産業・不幸産業から皇の時代の幸せ産業への転換を伝える事にあります。この本の中にあるビジネスヒント＆働き方改革を参考にして新時代の波に乗ってください。

2 各産業界の変化

　あなたの身近なもので変化するものに食べ物があります。この中で作物の変化はいち早く起こりました。まず、個人恵榮の農家は今後苦境に立たされます。跡継ぎがおらず、広大な土地を個人で管理するのは難しくなるからです。というのも、農業こそ苦労して利益の少ない産業の代表です。苦労は終わりますので跡継ぎのない農家は徐々に組織に吸収されていくでしょう。つまり国も補助金を出していますので、今後農業は企業恵榮に変化します。世界中を同じ農法でハウス型の植物工場を展開し、世界各国の労働者と購入者、研究施設・管理者と国、このそれぞれに利益の出る一大ビジネスへ発展します。ハウス型の農法は、農薬を使わず有機農法で、24時間発育するため3倍の収穫量が見込めるうえに、労働管理者が数人ですむという理想の農法です。今はまだ葉物や果物が中心ですが、徐々にほとんどの植物に導入されます。ここで大切なのは、人間が食べるものを計画生産するという部分です。

自然界から天然物を盗むのをやめ、必要量を計画生産して、食品ロスも改善していきます。

培養技術も飛躍的に進化して、食物を生産するという概念から、細胞を分裂させて食材を作るという概念に発展しています。食糧難の世界に導入していけば、たんぱく質不足で死ぬ人が激減するかもしれません。植物性と動物性どちらも進化しています。「人間より大きな動物を食べなくなる」と言われ、細胞培養技術により安価で難民や食糧問題を救う産業に、発展するのかもしれません。昆虫の乳を培養して、安価な乳製品を作るという記事も見ました。培養技術は化粧品や医療にも発展しています。まだ実験や検証が必要でしょうが。あなたの想像もつかない方法が待っています。

水産業も変化します。最近の魚は狂った方向に突進する事があります。クジラやイルカの群れが陸に上がってしまったり、淡水の川にゴマフアザラシがのぼってきたり。普段いかない場所に入り込み、命を落とすケースが出てきています。魚も必ず豊漁とはいかず漁師も変だなと感じてい

ることと思います。プラスチックごみによる汚染も関係があり、水産業は皇の力が働き、改革の進む産業です。

　皇の時代に「人間より大きな動物を食べてはいけない」というカセがあります。大きな魚を捕獲することは終わり、陸で育て計画的に食糧問題に取り組むのが新しい流れでしょうか。植物工場同様、内陸地に水産工場を使い鮭・マス・サバなどは既に養殖が進んでいます。陸で育てると臭味もなく、管理された状態で海の汚染による感染も心配なく管理できるのでより進むでしょう。

　生きたまま配送をする方法を高校生が発明して話題にもなりました。これにより鮮度の劣化しやすい魚でも食べる事が可能になりました。魂年齢の高い子供たちの発明は、大人を凌駕する時代が始まっています。

　冷凍・缶詰・常温加工品などの技術開発により、鮮度を落とさずおいしく栄養価の高い商品が出回り、安価で長持ちする商品となります。この技術が発展することで食品ロスに関係する問題も減っていきます。食品の分野は皇の時代に劇的な変化を起こします。500 年以上先の皇の時

代は食事として栄養を採らなくても生きていける体に変化するとの見方もあり、いろいろな可能性があります。

　製造業の変化はすでにめざましく、人間がするものはどんどん減っていきます。三種の神器がロボット・AI の進化という「器械」です。製造業を含め人力で労働のきつい分野は全てロボットに変更していきます。3D プリンターが飛躍的に発展し、物造りは根本的に変わります。皇の時代には、空気・水・太陽から多くの物が作れる世界へ発展します。

　物流の世界について「埼玉県が物流の基点となります」このように聞いたのは 14 年も前ですが、実際に日本のネット物流をリードする Amazon はここ数年で埼玉に倉庫を次々作っています。物の保管と運送はシステムが変わります。既に Amazon が個人宅配を募集しています。現在コンビニと提携して荷物を受け取れるようになってきています。24 時間の利便性を最大限に利用したサービスが増えるでしょう。

　サービス産業は価値観から変化します。現在「多くの場

合、サービス自身が無料である」との認識が強く、サービスをする側は利益の上乗せができません。しかし、皇の時代の魂職は技術を売る仕事が増えます。技術の中には現在サービスと認知されているものもあります。技術やサービスの質によってファンがつきます。コアなファンが支えるサービス業が増えていきます。もちろん魂が記憶する職業である魂職をする人が増えれば変化は加速します。全ての産業がもっと楽になっていきます。

3 働き方改革

働き方改革関連法が制定され数年たちます。職場で働き方改革は進んでいますか? 現在進められている改革は、最低限の正規雇用と非正規雇用の格差をなくすものや、10名以上の従業員のいる職場には就業規則を作り行政へ届け出る必要、労働契約の書面交付の義務、労働者名簿・賃金台帳の作成など、労働者の権利を明らかにして守ろうとする力が働いているものです。36協定の締

結、時間外労働・休日労働の管理、年次有給休暇の取得、生産性の向上、労働時間短縮のための助成金など、改革の方向性がサイトに並んでいます。しかし現在は『絵に描いた餅』である中小企業がほとんどだと思います。なぜなら、まだ祖の縛りが中小企業には濃く残っているので改革は起こりません。祖の産業に皇の改革を持ち込めば、その会社は衰退し倒産するのは目に見えています。ではどのようにすれば、倒産せずに改革が進むのでしょうか。これは皇の時代の移行期と同じ速度で同じことをするというのがヒントです。ある部門を新しく作り、ここは働き方改革を導入して人を募集します。現状で幸せを作るものであれば新しい部門はまず発展しますから、規模を小さくしてスタートします。少し利益が上がったら、旧部門を縮小しつつ新しい部門に規約を変更しながら移行します。中身がごっそり入れ替わるころには、倒産の危機は去っています。自然の愛は皇のルールにのっとって運営する恵榮者には、力を貸して自然の恵みを降ろしてくれます。このルールから外れるから苦境に陥るのです。

皇の新しいルールでは、労働者の権利、惠榮者の権利は互いに対立することはなく、同じ立場で守られることが必要です。働いた全てに報酬が発生し、過度の要求はない代わりに、各自がプロフェッショナルであるという基本が守られればよいのです。

　以下は、皇の時代に働くということを箇条書きにしました。

・働くとは、自分の才能を使い樂しいこと

・労働時間「他人の為に働く」のは8時間/1日である

・自分と同じ能力の人とは一緒に働かない

・一生追及しても飽きない技を極めることが魂職

・一人一人が社長として独立する

・才能は必ず、ひとり1つは持っている。

・労働時間が一日に16時間となる場合、

　働きながら自分の為に学ぶ時間を取り入れればよい。

・小集団がプロジェクトを立ち上げる場合最高8人まで

・小集団のプロジェクトは3人が望ましい。

　一生働き続けるための環境整備が次第に整います。補助金や給付金なども申請しやすくなり、利益以外の収入も

取り入れて一生涯、樂しく働く環境が整っていきます。

4　仕事と働く

　祖の時代の仕事とは、難解な事を大人数で多数決により実行する事でした。難しい事をライバルと共に競い合いながらするのが普通でした。郊外に家を持つとローンと通勤時間で疲弊し、会社に尽くして苦しんで働くことを強要され、楽をすると手を抜いていると思われたほどです。今もまだこのように苦しんでいる人がいるはずです。会社という古い体質、特に家族経営だと祖の力が強く残っています。働き方改革が進んでもこのような組織は改革はなされず、労働者は奴隷のように仕事をこなす日々が続きます。

　しかし、皇の移行期に入り仕事に嫌気がさし、個人恵榮者として自ら働く人が増えています。フリーランスや起業、個人事業主などがこれです。「仕事とは人に仕えて我慢して命令を実行する」という意味があり「働くとは人が動いて結果を出す」という意味があります。前者が祖の時代の

仕事で、後者が皇の時代の働き方です。

　皇の働き方で現在注目されているのが、サイトで動画やノウハウ、情報をアップして視聴者がお金を寄付するタイプのものです。この方法で一億円の収益を上げたつわものがいると聞きました。NoteやYouTubeライブは気に入ったクリエイターに寄付するタイプの新しい働き方です。「投げ銭機能」という自分が気に入った人に寄付したい金額を投資するという方法は、皇の時代では当たり前に流行るでしょう。自分の才能を生かして多くの人に提供するタイプの働き方は、自宅から自由な時間に配信ができる利点や、好きな地域で取材もかねて投稿できる自由度があり、趣味を兼ねて魂職の具現化に適しています。

　パソコンでするビジネスは、どんどん場所を選ばず自由度が増していき、日本にいる必要もなく海外に出ていく人も増えていきます。働くことが自由になると、世界中の国という壁が薄くなり住む場所も生まれた国とは限りません。自分の前世で仲間だった魂の友に出会ったらまた同じように魂職を始めるでしょう。この仲間と住む場所が仕事場で

あり住む場所でもあるのです。言葉の壁も通訳機が進化して楽に交流できるようになります。世界中の人とビジネスで話ができる日は遠くありません。ここで政治の話を差し込みますが、世界中いろいろなところに住む事が可能になるためには聖慈力が必要になります。ビジネスと聖慈は切れない関係なのでビジネスを加速するために世界中のトップが話し合いを繰り返し、互いの利益を共有してほしいと思います。日本人が世界中のあちこちで暮らすと、柱が出来てこれらの人を中心にルールが生まれ、新しいビジネスが発生します。ぜひ体験してほしいものです。

【まとめ】

　仕事のように難解で不快な働き方はお終い。働き方改革で自分のライフスタイルに合った方法を取り入れましょう。

5　幸せ産業の流行るもの

　祖の商品が大量にあまり、捨てることも売ることも苦労する現在、次の皇の商品のかなめは女性中心の流行に

変化しています。男性的で力強いものから可愛く軽く、小さく丸みを帯びたものへ興味が移りつつあります。この変化こそ皇の幸せ産業が巨大な利益を動かす移動先なのです。物質世界の幸せとは何でしょう。ここでいう幸せとは、自分を満たす喜びや癒し、楽や樂しい、自分を自由にする、つまり『自由＆自立＆進可』の三要素が基本にあり女性が喜び解放されることなのです。この幸せを生み出す商品なら、今後のビジネスで巨大利益を生み出します。

　男性は女性が心地よく気持ちよくなれば一緒に引き上げられますから、ご自分のご家族やパートナー、女性仲間やスタッフの心を大切にしてあげてください。セクハラなど論外です。女性がの嫌がるほど衰退し、女性が伸びるほどあなたも引っ張られて上がっていきます。では、可愛いものから見ていきましょう。

【可愛い】
　皇の時代は女性が好む可愛いものが流行ります。サイズも手ごろでピンクやパステルカラーの商品、リボンやフ

リルなど、見た目にシンプルで可愛いものこそ皇の幸せ商品です。可愛いというのは人によってとらえ方が違います。時にグロテスクなものを可愛いと感じる人もいるでしょう。皇の流行は、一部のコアなファンの為に期間限定シリーズ化して流行っていくという形になります。つまり大量販売からの転換です。ただ、物まねはダメです。人の真似をするのは皇の時代には、ごまかしと捉えるので、衰退していくでしょう。漫画や映画も可愛い人が主人公であったり、ゲームも格闘ゲームが下降して可愛いものを育てたり変化していくようなものが流行ります。ペットの着替えも可愛いものの一つです。次第にロボットが出てきますのでロボットも可愛らしいものから発展するでしょう。可愛いいとは、見た目や行動・しぐさ、形など何でもよいのです。男性も頼れる人よりかわいい人が人気となりますから、サービス業界も激変いたします。

　男女ともに可愛らしさを求めて動き出します。レストランでも可愛い盛り付けが流行り、インスタグラムなどの投稿で更に盛り上がります。ただし、あくまでルールは相手の

自由を奪うものではなく、自分勝手にインスタグラム用の
ショットを求めて食事を残すのはダメです。写真を撮る人と
食べる人がセットになって動くと良いです。可愛い写真を
撮る事ができるのは、可愛い行動にも通じます。

【丸い】

　次は『丸い』ものです。車も近年角が取れて丸みを帯
びてきました。電車、特に新幹線も丸くなってきました。社
会全体が丸を意識したものにシフトしてきます。アニメの世
界を思い出してください。丸いヒーローが誕生して久しい
ですが、これからは女性の時代ですからヒロインも丸くなっ
て増えていきます。星のカービィはまさにピンク・丸・かわ
いくて強いヒーローとして25年以上も人気を誇っています。
当時よりも今の方が人気も高くグッズも多いです。

　丸がテーマのグッズが増えていくので商品開発に取り入
れてみてください。太ったヒロインも今後は出て来ると思い
ます。外見はどんどん関係なくなり心の時代です。丸とい
う形が癒しや安心を与え、多くの人の支持をつかみます。

【小さい】

　次に『小さいもの』ですが、この小さいというのは、ミニチュアというだけでなく、女性が持ちやすいサイズになるという意味があります。300mlの魔法瓶が爆売れしました。理由は「少量で持ちやすいから」というもので女性が1〜2時間ほど出かけるのにちょうどよいサイズだからという理由でした。皇の時代は『大は小を兼ねる』のではなく、自分サイズが流行ります。小さく折りたためるもの、頑丈で軽いものといえば傘が流行っています。いろんなタイプがあり目移りします。洋服も近年小さくなりましたね。祖の時代の重くて全身を覆う服はなくなってきました。

　祖の時代の重い服の代表である着物は、リサイクルされてバックやワンピースなど様々なものに生まれ変わっています。浴衣も軽く、着るのが簡単になっています。しかもミニスカートタイプの浴衣もあり変化が激しいです。祖のものは無くなるのではなく形を変えていくのです。ミニチュアが増え、小さくて楽しめるものは流行るでしょう。私的に彼氏のミニチュアドールを誰か作ってくれないかなと思ってい

ます。「いつも持ち歩いて話しかけたい」というニーズがあるのですから。「希望を天に放てば実現する」あなたも欲しいものを想像してみましょう。

【軽い】

　軽いものはかなり前から流行りだしていました。なんでも軽量化され、持ち運びに便利です。しかし、皇の時代はもっと発展してお昼にご飯が炊けるお弁当や、お粥が炊けるスープジャー、家電製品が一人用になって持ち運びできるようになってきました。家電は次の段階で自家発電機を内蔵し、コンセントからの電気も使わなくなりますから更に軽量化革命がやってきます。エネルギーの章で解説しますが、電気の世界も他動という他から電気をもらい動力にする方法は祖の方法です。自動という自家発電機付きの家電が主流になります。この場合自動車も家電になり飛行機も小型化して家電扱いになります。

　洋服もどんどん軽くなるので、１０年以上前の重くて古いものは終わりにしましょう。新しくて軽くて安いものが今

後は、増えていきます。宗教上の理由で全身を覆う服を着ている人たちも、軽くて楽な素材に変わっていきます。形は一緒でも着易さや防寒、清涼効果があり、心地よいものが求められていますから。

体重も軽くなる方法が流行ります。ダイエットというより、まさに体重をコントロールする方法に進みます。

食べ物も軽くて満足するというメニューが良いですね。おからのクッキーに感動しました。2センチほどのサイズで水を一緒に飲むと胃で膨れて満足度が上がるというクッキーです。こういう商品は増えていきます。このクッキー20キロカロリーで満足しますから凄い商品です。

ドラゴンボールでは車をカプセルに詰め込み持ち歩くシーンがありますが、将来は実現します。なんでもカプセルに詰まって、必要があれば家も取り出せる世界が500年先にはあるのです。

幸せ産業の代表である可愛い・丸い・小さい・軽い・女性が喜ぶものをヒントにビジネスを組んでください。ただし、高額は祖のものなので安い事も必要です。

6 支払い方法による違い

　産業とは変わって今回は、お金について見ていきます。皇のお金のエネルギーを使うためにぜひ知ってほしい部分です。お金の支払い方法には、前払い、交換、後払いの三種類があります。祖の時代は後払いでした。建築関係の支払いなど半年先や1年先の手形支払いという異常な支払い方法があります。「購入したものを1年も先に支払いするなど、その間の生活は誰が保証するのでしょうか、信じられません。」これが皇の思考です。他人が困っても自分が良ければよいのが祖の思考です。ですから支払い方法も変化します。あなたは今、どんな支払い方法がメインですか。現金支払い、デビットカード、チャージ式のプリペイドカード、QR決済、クレジットカード、商品券、様々な支払い方法があります。前払い、つけ払、月末支払い、請求書支払い、ビジネスにはこのような方法もあります。じつは何気なく支払う決済ですが、使った後に自分に入るお金が増えるか、減るかの違いがありますから怖いです。

【前払い】

　前払い決済は、先にお金を払います。チャージ式のプリペイドカード、商品券がこれに当たります。サービスを受けるものは、サービスを受ける前に支払うか、事前に入金しておきます。ネットなどが前払い制に移行してきたのも皇の時代の特徴です。ただし、おつりが発生する前払いはちょっと違います。先払いでもお釣りをもらうと自分の出したものが戻ってしまい、増えるお金がへります。この二つに分けて説明いたします。

・前払いでおつりなし

　こちらの支払い方法はまさに皇の時代のエネルギーを使ったお金の使い方です。商品券・スイカ・ナナコ・WAON・PayPay・auPay・楽天 Edy・LINEPay などでしょうか。他にありますか？　銀行関連のカードで言えば、デビットカードのチャージ式はここに入ります。これらは手持ちの現金を先にチャージして使います。この決済の素晴らしいところは、相手が先にお金を受け取ることで支払い

や運営が楽になる事です。先に払うと支払った金額の 1.5 倍になり手元に戻ると言われています。セミナーに参加した時は先に支払う方がお得です。商品券は前払いの一番古い方法です。チャージ式のカードが嫌いなら商品券を使うのもいいです。

・前払いでおつりあり

　こちらは先払いでありながらおつりを受け取ってしまったケースです。おつりはどのように用意されているでしょうか。おつりはスタッフがコロナ禍で並ぶ銀行へ行き、時間も労力も使って用意しています。「5000 円札が不足しています」という張り紙まであるほど日々用意するのが大変なのです。他人の自由を奪い苦しめればお金は増えなくなり、逆に後払いのように相手に苦労を負わせる支払い方法となります。おつりがある場合は、いりませんという事で自分の負は減りますから実行しましょう。

　第五部のお金で、細かい事は解説しています。こちらと合わせて考えてください。

【現金の交換】

　「現金しか使わない」という方はおつりが出なければ出ていったお金と同等の1倍が戻ってきます。お釣りをもらったらお金のエネルギーは減りますよ。あくまでちょっきりの現金をおつりなしで手渡した場合によります。サービスを受けた後の支払いは後払いになりますから、現金交換の支払い方法は、コンビニやスーパーで買い物をした際に適応される方法です。デビットカードも支払いと共に現金が銀行から落ちるタイプがあります。こちらもここに入ります。医者、ガソリンスタンド、レストラン、エステなどサービスを受けた後に現金で支払っても等価交換といいません。こちらは後払いです。

【後払い】

　こちらは先ほど挙げたサービス後の支払いがあります。そして祖の時代最大の後払いは、クレジットカードとキャッシング・リボ払い、ビジネスの世界では、手形、つけ払い、請求書支払い、月末支払い、遠いもので言えば半年後、

一年後支払いがこれに当たります。後払いをした人は 0.5 倍にお金が減ります。支払えば支払うほど将来に受け取るお金が減ります。ちなみに本の世界の決済は半年ごとと言われました。怖いですね、皇の神様はどんな改革をしてくださるのか楽しみです。

これらの支払い方法を見ると、皇のルールである絶対的自由を侵すと方法が全て消えていくのだと思います。お金のエネルギーは使えば使うほど増えていきます。もらう事より与えることを進んで考えましょう。相手に苦労をさせないで自分から率先して気持ちよい方法でお金を使いましょう。

7 陰徳と陽徳

　お金を支払うときに意識してほしい『徳』についてお話しします。『徳を積む』というのもこの世でするひとつの修行でした。過去に良い事をすれば徳が積めて来世でよい事が起こると言われています。皇の時代でも『徳』はあります。しかも陰と陽、どちらも徳です。

【陰徳】

　陰徳は、人知れず積む徳です。例えば、お釣りをもらってしまったらどうするでしょうか。こそっとレジ横にある募金箱へ入れてくればよいそうです。「人知れず」ですよ。ここが大切。店員さんに見つかって「ありがとうございます。」と言われたら残念ですが陽徳になります。

　まだまだあります。ここ数年の匿名寄付が陰徳です。タイガーマスクであったり、足長おじさんであったり匿名でランドセルや文房具を寄付しています。もちろん陰徳をするとお金が増えます。愛も増えます。愛情は皇の時代３で解き明かしますので、ここではお金について特化します。陰徳の良いところは相手に自分を主張しないことです。相手の自由を奪わないという意味でよいのでしょう。皇の時代の絶対的自由が守られる点です。

　陰徳はあいさつや感謝もいらないという皇のルールからきているのです。

【まとめ】

　陰徳は見守りの徳。

【陽徳】

　陰があれば陽がある、陰陽の関係は徳にも適応されます。陰徳が見守りの徳であれば陽徳は相手に伝わる徳であり、相手から感謝されるものです。お金を払い、おつりを募金した時に店員さんから「ありがとうございます」と言われてら陽徳となり、積んだ徳はゼロになるのです。皇の時代の恵財は、隠栄していくのが在り方なので本来は陰徳の方がよいのです。陽徳はあくまで表に出るイメージで、陰徳は見守るイメージと覚えてください。ただ、まだ移行期なのでいきなり見守りの陰徳を実行しようとすると無礼な人と思われるので、ここは互いに理解のある関係で実践しましょう。陽徳であっても、うけた感謝を他の人に同じように返せば、相手は陽徳から陰徳へ昇格します。積んだ徳をゼロにしてしまっても再度思いやりを他の人に示すことで回復するのは面白いですね。

【まとめ】

　感謝を伝えると相手にとって陰徳は陽徳となる。

　ゼロになった陽徳は他者へ返すことで陰徳へ戻る。

8　時間の価値

　祖の時代では、お金が命よりも大切な価値でしたが、皇の時代では時間が一番大切な価値に変わります。現在「お金こそ大切だ」と言っている人は、祖のエネルギーを引きづっていますから価値観の違いが起こります。価値の違いは波動の違いとなり、自然軸のズレとして同じことをしても結果が異なります。皇の時代では取り戻すことができない『今』という時間こそ一番大切になり、仕事で一番の柱は『いかに時間の無駄がないか』という部分です。どんなにスペシャルチームを組んでも、一部の人が自分の時間を無駄にして待つだけならどうでしょうか。待ち時間さえ労働の報酬が発生しますから雇い主にしてみれば損失であることに気づきます。「スペシャルチームの全員が無駄な時間を作らず、自分の能力を発揮させるにはどのようなチーム運営がよいのか」ここをリーダーは一番に組み立てる能力を問われます。もちろん、皇の時代ではリーダー不在で各自が最高の結果を持ち寄ってミッションは出来上がります。

しかし、まだ祖の思考が残り、各自自立をしていない状況では、リーダーシップは不可欠です。ここでいう自立とは、金銭的な自立ではなく『自分の能力がミッションを成功させるためにどのような力を発揮できるか把握する能力』という意味です。皇の時代では魂職というプロフェッショナルな天才が現れて問題解決に導きます。ただし、天才と言われる人も凡才から天才になる過程があります。この過程の人々をまとめ上げ、才能を引き出すリーダーが移行期には必要なのです。この時間を大切にしようとすれば、会議がいかに無駄なものかわかりますね。多くの人間が一堂に会して意見を交わすなら、話を聞く段階で、各自がパソコン画面から意見を書き込み集計し、一番良いと思う意見を再度協議するようなタイプでなければ無駄です。国会のあれとか、税金の無駄。各首脳が全員の前で質疑応答など無駄なのでタブレットに意見を書き込み国民の意見も書き込める掲示板形式の設定に変更されていくと思います。自分が何もせずボーっとしている仕事の時間は、皇の時代で命を削る行為ですから、改善されていきます。

9　分業や会社解体

　この流れで時間を中心に仕事を組んでいくと、自然と時間がなく振り回される部門は、改善が必要となります。正社員ではなく派遣社員が増えているのはこのためです。ヒルの時代へとプログラムが変わり、時間を一番に考えるプログラムが働きだしたためです。ここで問題なのは、派遣社員を個人で自由に利用できない点とプロフェッショナルが一つの部門に占有される点を見てみましょう。仕事をし続けるというのは確かに負担です。ただ、自分で仕事のペースをコントロールできないのはとても不便です。ここで登場したのが仕事を区分けして自宅で仕事を請け負うクラウドワークスのような時間ではなく仕事内容で仕事を請け負うプロたちです。よくあるのが、記事を書いて 300円 /1 記事というような外注です。アマゾンの納品代行も 100 円 /1 商品というように基本の金額をきめて請け負う代行業者へ個人や会社が依頼するようになります。分業という効率化が進みます。皇の時代では会社という大きな責

任を伴う企業は効率が悪いのでどんどん解体し、会社の社員でありながら私設秘書を雇い、自分がしなくてよい情報集めや書類整理などは自分の給料から依頼する方法が流行ります。自分の請け負った仕事は責任を持ち、社長のような立場で受ける形に変化していきます。正社員はいなくなり、給料が報酬に変わり、出来高制のシステムが導入されると一時的に給料が下がりますが、請け負う負担が減るので楽になるのも皇の働き方です。

【まとめ】

・会社は大きいと非効率なので解体が進み小さくなる

・分業・外注が進む

・自分でする仕事量は適量で多すぎてはダメ

・各自が社長となり自分のできる範囲をコントロール

10 右肩下がりの恵財へ

　皇の時代が目指す恵財は、のんびり緩く働く恵財です。これを隠榮と呼び、一生懸命働く時代が終わり遊びながら

技術を習得し、更に磨いていく生き方です。必死に働けば体を壊し、いやいや働けば心を壊し、ため込んで抱えれば経済を壊します。皇の社会が遊びから学ぶ恵財へと移行する過程で全ての儲け話は右肩下がりへ転換していきます。お金が入って使わない人は、これを出さねばならない出来事が必ずやってきます。自分の器に入る量、つまり必要以上のお金は入っても出ていくのが今の時期です。コロナ禍で受け取った持続化給付金や10万の給付金は一瞬でなくなったのではないですか。次に必要であれば残り、不必要なお金は出ていきますから。不思議です。これは自然がコントロールしているのであなたの意志や運・不運とは関係ありません。自分の知らないところで起こったことにお金が支払われるのは、使うべき場所で使わなかったからと言えます。将来的に国は国民の生活にかかる費用をただにする方向へ動きます。衣食住全てが皇の時代、500年後にはタダになるようです。このため、今お金をため込み自分の慾に支配されている人は最終的に全て税金か詐欺に取られてしまう可能性があります。今あるお金を増や

そうとせず、使う事を考えた方が必要なお金はまた入ってきます。出力恵財とは祖の経済の真逆ですから。

　昨今、順調だった企業や投資家が赤字になったり、資金を減らしたりというニュースをみます。皇の時代に巨大ビジネスで儲ける事は出来なくなりますが、篤志家のように、自分のお金を社会奉仕や社会問題を解決するために使う人に、お金はどんどん増えていきます。国が全ての社会問題を解決するのではなく、個人の意思で社会の不幸を改善しようとする動きが高まっていくのです。この場合、お金を出す人、規律を整備する人、現場で技術を提供する人の三方向が必要で、自分ひとりで全てを賄う事もなくなります。お金を出すことが魂職の人がいますので、こういう人は何をしてもお金が集まります。これは魂職であると同時に、自然がお金を必要とすると認めたために起こる事なのです。

　右肩下がりの恵財でありながら、必要なことやもの全てには、ちゃんと資金を出してくれるのが特徴です。お金がなく、ビジネスが続かないとしたらこれは一刻も早くやめた

方がよいです。自分に合わない仕事をしているために止められているので、やはり止めて方向転換しましょう。もし続けるのであれば 1/3 のルールが働くので規模を 1/3 にするとか、働く時間を 1/3 に減らすとか、オフィスのサイズを 1/3 にしてテレワークを導入するとかの自分やスタッフが楽になることを取り入れましょう。規模を縮小すると角がとれて丸くなり恵財が回り始めて楽になります。

　土地の値段もマンションの売買も下がっていきます。古くなり価値が下がるのと、そもそも大金が動かなくなるので不動産業界はあの手この手で買い主を捜しています。ここには、だましが入りますので自分の頭で考えられないことに手を出すのはやめましょう。ちなみに 26 歳以下の子供たちは（1994.8.8 産まれ以降）皇の魂と言われているので彼らに聞いてみるとただしいことが判ります。彼らは今の大人より 1 憶才も魂年齢が高く、知恵もあるのでズバット回答を示してくれます。迷ったら子供に聞いてみましょう。子供たちの発想は分けるという思考が多いですが、いるものいらないものを解りやすく分けてくれますよ。

　各自が一人社長として独立していくのが、皇の時代の恵榮（けいえい）です。恵榮は、穏栄という「ゆっくり栄えてのんびり働くこと」を言います。自分の魂職は、働くほどエネルギーが充填され元気になります。魂職のようなものは祖の時代にもありました。祖の時代に天職と言われたのは、皿（ぺい）と呼ばれる肉体の中で魂がコントロールされていた時代に天が与えた仕事だからです。厳密にいえば魂職と天職は違います。あくまで天職は天上界からコントロールされてしていた仕事です。魂職は自分の魂が記憶している職です。大きな違いは、天職が苦しみから学び技を極めていくのに対して、魂職は樂しいからどんどん学び、極めていく技術であることです。苦しさは微塵もありません。プロフェッショナルといえば、世界でも有名な人というイメージがありますが違います。例えば、Ａさんは技術も見栄えも良い品を作るがＢさんは使い勝手は一緒だが技術が未熟である場合、祖の時代ならＡさんの商品しか売れません。しかも、Ａさんの商

品もＢさんの商品も同じ値段で売られる事でしょう。これが
祖の時代のごまかし商法です。皇の時代はうそ偽りがない社
会です。きちんとお客様にＡさんの商品の利点を説明し高
値での販売となります。Ａさんには、技術や見栄えを求める
お客が付くでしょう。しかし、Ｂさんもまた劣りますが使い勝
手の良い商品を作るので、こちらの利点も説明します。商品
の見栄えや技術は劣りますが使い勝手は良いですと説明し、
Ａさんの半額で販売します。Ａさんほどの良さはなくても商
品が欲しい人は喜んで買います。Ｂさんの方が多く売れる
でしょう。これで互いの差は埋まり互いが自分の顧客を持ち、
違う客層にとってのプロとなります。みんなが同じ技術では
なく、バラバラなニーズに応じた技術で競うことのないプロと
いう立場で働けるようになります。

　魂職に出会うとプロフェッショナルの道に向かうというのが
自立への一歩です。しかし本当にプロ級の技術を自分が持っ
ているのか疑問です。先日出会った話の中にこのヒントがあ
りました。お茶が大好きで心の支えとしている人が、ずっと
虐待を受けお茶は自分の癒しでしかなかったのですが、ある

きっかけからお茶を振舞う事で相手の心が動き、徐々に認められていく話です。この話の何がいいのかと言うと、他人に自分の特技を披露し始めてからやっと自分のやりたいことが見えていく部分です。自分の為に癒しを兼ねてお茶を飲んでいるうちは、祖のエネルギーで自分には何の還元もなく、いじめられることもありました。しかし、皇の影響で相手のことを観察し、「今、この人にとって一番必要なお茶は何だろう？」と考え、提供するのです。ここで「あなたは疲れているからこのお茶がいいわよ」と言ってしまったらお節介になりますから禁句です。お茶を飲んだ人に、「これはなんですか？」と質問されてからお茶のルーツを話す程度の補足説明をするなら、依頼を受け説明するという皇式の思いやりとなり自然の恵みを受けます。なんとこの方は、お茶の専門店・喫茶ルーム・女性専門癒しルームと次々自分の夢が実現するという結果を受けるのです。

　もう一人例をあげます。若いのに技術がある、こういう方がいます。実際に初めて触るのに使い方を知っていたり、動かせたりという本人の努力では説明できない場合、それ

はやはり前世の記憶により簡単に動かすことができるのです。特に苦労して経験を積んだ人から見ると、自分を否定されたような虚しさを感じて、現実を受け入れがたいケースですが、ここは考え直しましょう。前世で人間国宝と呼ばれた人の転生した魂かもしれません。他人の技術を疑う前に学び、共に成長する道を選んでください。

　動物が好きで殺処分される動物を救いたいと立ち上がり、ネットワークを作り、人を動かす場合、動物が好きなだけでは普通の感覚ですが、命を救い制度を変える力は小さな命を守るプロと言えるでしょう。

　占いが好きで、友人の占いを続ける中でついに占い師になる人は多いと思います。苦しむ人を救う道はたくさんある中で占いに興味がいくのは、前世で予言や導きをしていたからでしょう。YouTube の登録者が 10 万も超えたらこれは何億年も繰り返した証拠です。相手を見ただけで状況が判る力も自分の意志でできる事ではありません。好きな事とできる事が一致する人はぜひプロの道に進んでほしいです。

最後にお子さんがやりたいことをコロコロ変えても、ひとつに没頭していても、さえぎらないでください。どんな状況でも大人より簡単に子供は魂職を思い出します。これは家業を継ぐ事とは全く別の次元です。お子さんが家業を継がなければ、他に能力のある人がやってきます。各自が自分の魂の記憶に沿って生きていきます。親の自由には選べません。あなたも自分の魂職を捜してください。家族、まして子供であっても親が職業を選ぶ時代は終わりました。

　樂しく技術を突き詰め、働くほどに力がみなぎり元気になる仕事が魂職です。第四部で詳細を公開します。

ーーーー☆ーーーー☆ーーーー☆ーーーー☆ーーーー☆ーーーー

コラム　- 分かれ道 -

　苦を掴む魂と楽を掴む魂のお話をします。

　猫の世界で例え話をしましょう。

　飼われて愛されて一生を楽に人間と生きる猫たちは猫になる前の魂が『楽』を掴んできました。

　これは前世で決まっているようです。

　もちろん、自由に野良猫で過ごす猫もこちらに入ります。

　野良猫や捨て猫など海外でも虐待を受ける悲惨な猫たちは前世で『苦しみ』を掴んだ魂です。

　魂は二種類に分かれています。

　人間も今の時代、苦しみと楽の二種類の魂が混在しています。

　ただ、ヒルの時代に入り、くるしみを掴んだ魂はあの世へ還されていきます。

　突然亡くなる人、寿命の人、事故や事件で亡くなる人、たくさんの人がまだまだ続きます。

「かわいそうだから、どうにかしよう」

　この発想が皇の時代では、苦しむ魂がいなくなる環境を作ります。

　皇の時代には苦しむ魂はどんどん減ります。みんなで苦しみを改善して、もっと全ての生き物が楽に樂しく暮らせるよう進んでいきましょう。

ーーーー☆ーーーー☆ーーーー☆ーーーー☆ーーーー

YouTube でお金が無くなった世界での買い物風景をデモンストレーションしてみました。二次元コードを読み込むと YouTube 動画の URL が開きます。タップすると動画が始まります。皇の時代のお金がないということの動画を楽しんでください。

YouTube 動画
お金が無くなり自由に買い物樂しむ
タイムトラベル　買い物編

第四部
魂職

1 魂心

　あなたは13億年以上も魂の中に多くの体験を記憶しています。この中には人間以外に体験した記憶も含まれています。魂（原生命）は生まれた瞬間から学習が始まり「苦」または「楽」という二つ心のどちらかを選んでいます。このどちらかを選ぶ作業は10億年以上前に魂として生まれた直後に参考にしたネガティブまたはポジティブの魂です。

　何度もウィルスとしてあちこちに付き学びます。魂がポジティブを選ぶならば、あなたは「楽」をつかみました。逆にネガティブな魂に付き選んだなら、「苦」をつかんで生きているのです。現在は移行期なのでこの両法が混在していますが、500年ほど前までは全員がネガティブから苦を学んだ魂だけの世の中でした。逆に今から500年もすれば、ポジティブな魂から学んだ楽に生きる魂だけとなり、世界は一変します。私たちが知っている1000年前の争いと少しの平和が続く世界とは、全く次元の違う世界がやってきます。これこそ全ての人が魂職につき、プロが世界の

不便を変え、幸せを生み出すのでしょう。

　例えば今では魔法の世界にしかない常温核融合のような発明がされ、違う物質が混ざり合い他の物質を作る技術です。ものに対する概念が変わらぬ限り有り得ないものですが。魂職が二つ以上の物質から新しいものを作る人には簡単な事でしょう。空気発電もじきに活動を始めます。水素を利用した化石燃料を使わない技術を使い、無尽蔵に発電できるシステムです。原子力発電所が祖の時代の象徴なら、空気発電のような空気中の元素を使った発電は皇の始まりを意味します。太陽、水、空気を使って発電するものが原子力発電に変わります。

　皇の時代に入り、記憶の封印が少しずつ解かれています。魂の記憶は魂心にコンロクとして書き込まれています。**これからは波動次第ですから、同じ波動を持った人としか生きる事が出来ません。**この波動が一緒であることが大切です。魂の記憶は波動として現れるからです。

2 冊さん奴さん

　魂職に出会うための近道は、祖の思考から皇の思考に変わる事が一番の近道です。この近道を助けてくれるのが冊さん奴さんという存在なのです。冊さん奴さんは、全ての人の体内で働いています。一人に一対の冊さん奴さんがいて、このお二方が皇の時代であなたを助ける役目をします。あなただけの味方で、お願い事もしてみましょう。

　今の移行期は、まだ祖の冊さん奴さんが働いている人がたくさんいます。この祖の冊さん奴さんは移行期前の思考で動くので、マイナスの思考をすると幸せになれるのです。まだ祖の冊さん奴さんであれば、否定的な思考を好むでしょう。しかし祖の冊さん奴さんは、苦労から学ぶ時代でしたから、祖の冊さん奴さんがはいつも苦労を連れてきました。しかし、皇になっても祖の思考で動けば苦労を背負います。今は移行期なので、マイナスの思考で動いても皇の思考で宇宙のルールは動いています。皇の思考に切り替えることで皇の冊さん奴さんが働きだします。

3　冊さん奴さんの働き

　冊さん、奴さんは外回りと体内で担当が違います。外回りで縁や経済活動支援をしているのが冊さんで、エネルギーはゼロです。9万体から2000万体の冊さんが働いています。この冊さんは朝食のエネルギーで動いていますので、朝起床をして30分以内にエネルギーチャージをしてください。歯を動かすこと が大切なので、起床30分以内にクッキーでもご飯でも一口でよいので食べて補給しましょう。朝ごはんを食べずにいて30分以上空腹だと冊さんたちにエネルギーは届きません。

　奴さんは体内のコントロールが担当です。病気になるのは奴さんに異常が起こるからです。嫌いな事を続けると奴さんが異常を起こし病気になります。奴さんがあなたの思考したことを見て冊さんへ伝えます。これによって冊さんがお金も縁 もつれてくるのです。やはりエネルギーはゼロで9万体から2000万体の奴さんが働いています。嫌な事を考えると奴さんが異常をきたし、冊さんへの指示にも異

常が起こり、経済まで貧困になります。

　このお二方は対で行動し、同じことをやっています。あなたが好きな事は冊さんも奴さんも同時に好きな事で、嫌いな事はお二方も嫌いです。この好き嫌いの感覚こそ今の移行期に皇の思考へ移れる近道なのです。

　皇の思考になれば魂職へも導かれ、楽に次のステップへ上がれます。今の移行期は、まだ祖の冊さん奴さんが働いている人 がたくさんいます。この祖の冊さん奴さんは移行期前の思考で動くので、マイナスの思考をすると幸せになれるのです。まだ祖の冊さん奴さんであれば、否定的な思考を好むでしょう。しかし、マイナスの思考で動いても時代は皇の移行期で皇の思考で宇宙のルールは動いています。マスコミや他人の情報に振り回されていると皇の冊さん奴さんは働かなくなり苦しみを運んでしまいます。あくまで自分の感覚を信じて従いましょう。24 時間寝ずにあなたのためだけに働いてくれる味方です。嫌いな事から離て一日の終わりは「幸せ・良かった・樂しい」という言葉で終わらせましょう。

4 冊さん奴さんの思考

　冊さん奴さんの思考は、祖の思考から皇の思考へ切り
替わるための環境適合の為にあります。ですからこのお二
方の思考に合わせて自分の閃きや感覚を大切にしないと
皇の思考に移れません。ここでは冊さん奴さんの思考をみ
てください。

１　好きな事をする

２　樂しいことをする

３　楽なことだけをする

４　利益のあることだけをする

５　ゆっくりのんびり行動すること

６　運動はなるべく控える

７　仕事ばかりしないでのんびり働く

８　約束は守らなくていい

９　他人のお節介はしてはならない

１０　損得思考で生きてはいけない

１１ 目的に向かって一生懸命努力しないこと

いろいろありますが、仕事に関係のありそうな 4.7.8.10 を説明します。これらを実行すると心や肉體や脳が楽になり、働いても疲れなくなり、時間も自由になります。

【利益のある事だけをする】

　自然があなたの思考も行動も認めた時のみ全てがスムーズに進みます。これは結果として利益を流してくれるので、お金に困る事はありません。この場合の利益とは、物質的利益の他に相手から思う以上に喜ばれる精神的利益も含まれます。相手に喜ばれない事や利益の出ないことをすると冊さん奴さんは働かなくなります。

【仕事ばかりしないでのんびり働く】

　一生懸命努力して働くと異常が起こるので、のんびりと働くことがよいです。遊びの時間が 8 時間、働くのは 8 時間で遊びの中に学びも含まれます。これは 1/3 のルールであり仕事（他人に尽くす）遊び（自分の為に樂しむ）健康管理（寝る事も含め）という配分から来ています。も

126

し仕事に１６時間を費やすなら、半分は自分の学びの為
に行いましょう。

【約束はまもらなくていい】

　前もってする約束は縛りになるので、必要が生じた時に
確認程度の約束でいいでしょう。皇の思考でいれば、会
いたい時に相手の時間が空いていて、ぴったりとお互いの
波動が合うので、無理に約束をする必要はなくなります。
まして、相手が約束を守らなかったら自分が自然軸とズレ
ている証拠です。修正が必要ですよというお知らせですか
ら、ありがたいなと思って自分の今を見直しましょう。

　相手とは、確認程度に約束は交わしましょう。なぜなら、
約束を忘れていてもちゃんと教えてくれるのが皇の生き方
ですから。冊さん奴さんが働くと時計さえいりません。

【損得思考で生きてはいけない】

　損得の思考は、祖の時代に必要でした。損をしないよ
うに生きるために、いつも他人を気にしながらアンテナを

張っていたことでしょう。損とは、自分のエネルギーの損失から来ています。得はエネルギーを得るという意味から来ています。つまり、損得は祖のためにありました。だから今は皇の思考で、のんびり楽に樂しく過ごせば必要はないのです。損をしてもこれは学びです。皇の思考は損や得をすることではなく、樂しむことです。

5 日々の心がけ

　冊さん奴さんに働いてもらうためにあなたが日々心掛ける事をまとめましょう。特に気にしてほしい事をあげました。
・しっかり寝る
・樂しく気楽に生きる
・食べ過ぎない。腹7分目
・他人の意見や情報は受け入れない

【しっかり寝る】
　寝るというのは、布団で寝る事をいいます。　心地よい寝

具であったり、頭がすっきりする方位に向いて寝るというのは、布団で寝る事をいいます。心地よい寝具であったり、頭がすっきりする方位に向いて寝たり、寝るだけで汗をかくので水分補給も忘れずにしてください。心地よい睡眠が健康回復の助けとなります。

　大地の気を取り入れるのであれば１階に住んで、布団を敷いて寝る事がいいのですが、なかなか難しいです。大地の気を地気と呼び、地上 50 センチの間に流れる水のようなエネルギーです。これはベットで寝ている人や、二階以上に住んでいる人には不足します。一階の床に寝転がると気持ちよいのはこういう意味もあります。地気はクリア・クリスタルの原石からも取り入れられます。

【樂しく気楽に生きる】

　「気楽に」というのは難しいです。というのも祖の思考は「緻密で早い」事が望まれてきました。皇の思考の「のんびり楽に」すると不安になる人がたくさんいますので敢てここで上げました。ここでの気楽さは、心に余裕を持ってく

ださいという意味にとらえてください。余裕がなくなったら、一度全てを止めて休憩がてら寝てみましょう。体が元気になるとまた余裕は生まれてきます。

【起きてから 30 分以内に朝食を食べる】

　冊さん奴さんのエネルギーがゼロであるため、朝食で補給しましょう。朝から冊さんは出かけますので起床後、30分以内に歯でかむ食べ物を食べてください。歯を動かすと胃が動くので、飲み物ではだめです。スムージーも噛んで食べるものでなければ効果はありません。ガムもいけません。クッキーでよいです。これは意外とできない人が多いです。簡単な食べ物を一口でよいので食べてください。

【食べ過ぎない。腹 7 分目】

　「冊さん奴さんが住んでいるのが胃の上部なので、食べ物が胃の中にいっぱい入ると、食べ物の処理に時間がとられる」このようにセミナーで聞きました。人間臭いなと思ったのを覚えています。

　この話を聞いてかなり時間がたった後に、サルの実験で若さを保つには腹7分目がよいという記事を読みました。24年ほどの実験データーに出会ったのです。数字がぴったりで驚いたのを覚えています。つまり、サルの群れのボスざるはお腹いっぱい食べさせて、他の雄ざるには腹7分目を食べさせ育て、心身のデーターをとったところ、腹7分目の猿は若いままで、腹いっぱい食べたボスざるは、どんどん老けたそうです。若さにも冊さん奴さんが関係あるのか？と思ったほどです。腹7分目、ほどほどに食べて冊さん奴さんと一緒にいつまでも若くありましょう。

【他人の意見や情報は受け入れない】

　他人の情報を信じるという事は、他人の冊さん奴さんを信じる事になります。自分の冊さん奴さんを信じるためには自分の好き嫌いをしっかり認め、これに従う事が大切です。これに従わないと、あなたの望まない縁がやってくるかもしれません。経済的な苦しみを背負うかもしれません。簡単な事なので生活を見直して取り入れてください。

————♡————♡————♡————♡————♡————

コラム －心の波動が未来を決める－

　今回の「心の波動」は少しわかりづらいです。「今、感じた思い」これが波動となり次の未来に影響が起こります。この表現で解りますかね。

　例えば同じ結果を招く出来事 A を何人かの人でやります。もちろん各自別々の A というミッションです。

　結果を比べると、

・文句を言った人。

・嫌な顔をした人。

・面倒だと思った人。

　これら負の波動を出した人は、感情分のマイナスは利益から差し引かれている気がします。

　逆に

・快く受けた人。

・変更があっても文句を感じなかった人。

・何があっても「はい」と感謝の心を持っていた人。

　この人達は最大の利益をもらってます。

132

いろんな方を見ますが、トラブルのある人は毎回トラブルを起こします。つまりトラブルを人のせいにしているので同じ事が延々と続くのです。

毎回、変更の起こる人は変更が起こります。これはパワーアップなのか？ おっちょこちょいなのか不明ですが、変更が起こるんです。

どんなに自分が不利だと思っても心から発する波動を穏やかで受け入れるものにコントロールができれば、あなたにとって一番嬉しい結果がやってきます。

まとめ

少し難しいミッションです。小さなことから実行してください。3ヶ月後には変わります。

————♡————♡————♡————♡————♡————

6 祖の苦しみを終わらせて皇の樂しみから学ぶ

冊さん奴さんは、祖の時代では、あなたに指令を直接送っていた存在です。奴さんが直接衝動的な感情を起こしてい

ました。冊さんは奴さんから聞いた情報をもとに何が欲しいのか、どこで買うのかという道をつけに行くようです。突然の「どうしてもほしい！」という気持ちは、この奴さんたちの行動によるもので、何店舗も回って結局一番最初の店で買ったという経験がこれです。どうしても欲しい！という衝動が冊さんたちの働きだとは思わず買ってしまいます。基準は損得でした。

　皇の時代でも冊さん奴さんは働いています。しかし、祖の時代と違い皇の冊さん奴さんはあなたが好きな事、嫌いな事を基準に動いています。あなたが嫌なことを減らし、好きな事を増やせば冊さん奴さんも皇のルールで自然の力を動かします。

　ただし、あなたが祖の思考で動く限り、祖の冊さん奴さんが動き、マイナス１の苦しい結果を掴んできます。

　では、どうすれば苦しみを終わらせ、皇の樂しい進可が始まるのでしょうか。これはどんなに苦しくても嫌な事を止め樂で樂しいことをし続ける事です。自分の内側の閃きに従う事です。自分の感覚こそ皇の思考ですから、他人に

相談せず一人でたとえ心がボロボロになっても、何があっても「まぁいいか。」という平常心を続けることです。仕事を辞めても家族と離れ友人と別れても、いつか祖の関係は絶ち消えていきます。どんな未来でも皇の思考で生きれば幸せに向かって必要なものはやってきます。慌てず慾を出さずに平常心で乗り切りましょう。

まとめ

嫌な事を止め、来るものに平常心でいつづけると皇の冊さん奴さんが働きだし、今の自然軸とあっていく。

7 言について

　皇の時代は共通する言語である『言（げん）』という言葉ではない音のようなもので会話をするようになります。これは、猫でも犬でも人間でも通じる音で、言を習得すると種族を超えての会話も可能です。

　もちろん、言を使えるようになるのはずっと先で、言が使えると願いがなんでも叶うようになるので言葉と言の違

いが判ります。日本語や英語のように語がつくものは人間の話す言葉です。言とはのどの奥から発せられる振動に乗せた音のようなもので、現在少数でも使える人はいるようです。　願いが叶うというのは、この言を発することで正確に願いという「楽」が来るのです。言が使えないと、願いを発したのに間違った信号として天に届き「苦」がやってくることがあります。言で願いをする前に音として願いを発するのですから、紙に言葉を書いてみましょう。ひらがなで書くとどんな間違いが起こるのかわかりますよ。言葉のマジックが潜んでいますから。

　次にコラムをあげました。魔法というコラムです。じつは、この部分は実際に魔法を使ってみましょうという話を入れたのですが、消えました。他の文も引きずられて消えました。この本は一字一句あなたに伝わるのだろうか？　あなたに必要なのか？　この部分で自然さんが見ています。魂職もまだ早いのでほとんどを削除しました。セミナーなら話せるのでお会いした際にお話ししますね。

ーーーー♡ーーーー♡ーーーー♡ーーーー♡ーーーー♡ーーーー

コラム　ー魔法ー

　「皇の時代は魔法のような事が実現していきます」この
ように聞いて私は魔法を使うことに興味を持ちました。

　もともと人にできない事が少しだけできるので、観察し
ようとおもい漫画をよみあさりました。

　１日６時間ほど没頭していることもあります。

　いろんな魔法の表現があるなと感じています。私が言う
魔法とは白魔法などではありません。

　自分のエネルギーを使って相手の波動に干渉して相手
の状態変化を起こす方法です。

　これを昨日書いていたらトラブル続きで…

　まだ公開できない内容でした。残念です。

　人は１と１を合わせ０という無から必要なものを取り出
すことができる。これは前回の本に書いた３という数字の
意味です。これを使うと魔法が作れるのです。あなたもやっ
てみてください。ヒントはあげたのでピンと来た人ならわか
ると思います。

ある漫画でこのように書いてありました。

小さな小さな
一人の意志、一人の思い、一人の希望
これが世界を動かすことを魔法という

　あなたの思い、あなたの希望、あなたの意志が魔法となりあなたの世界を変えていきます。
　全ての人が魔法を使い自分の環境を心地よいものへと変える未来がもうすぐきます。

第五部
お金

1 祖のお金を欲しがる理由

　お金は祖の時代にずっと人を支配してきました。社会の
ルールが働く祖の時代では、お金はエネルギーを持ち、権
力者やお金持ちのところへ集まるようにプログラムされてき
ました。誰もこんなプログラムを知らずに来ましたので、貧
乏またはお金はあるけどすぐになくなるという環境にあった
のです。資産があり、贅沢を謳歌している人は次々お金が
集まり何不自由なく生きていましたから。もちろん苦労から
学ぶのが祖のルールです。お金があっても地位があっても
苦労は必ずありました。特に苦しめるルールが働いていた
ので、庶民に楽をさせようと動けばお金を失ったり、はて
には命も狙われたりと散々な苦労があったはずです。お金
にまつわる話は後を絶ちませんものね。

　お金を欲しがる理由というタイトルを付けましたが、皇の
思考ではお金のことを考えた瞬間、祖のエネルギーがやっ
てくると考えてください。つまり、お金はまだ祖のエネルギー
で動いている部分と、皇のエネルギーで動いている部分が

混ざり合っているのです。これを分離することはやはり不可能です。セミナーで祖の時代のお金は皇へ持ち越せないと説明があり、私も手持ちのお金は全て使いました。しかし、まったく戻ってきません。まだ移行期だからです。

　これで説明がつけば簡単ですが、多くの人が祖のお金を失ってラッキーと思えずに苦しんでいると思います。

・皇のお金は入ってくるの？という希望を抱いている人。

・祖のお金にしがみついている人。

・祖のお金を失って取り返そうとしている人。

・下落する株やFX・不動産などが上がると信じている人。

・親のお金を当てにしている人。

・皇のお金が回るのを信じている人。

・借金に振り回されている人。

　お金で苦労している人は社会的貧乏症という病に取りつかれて自分の肉体である皿（ぺい）にひびが入り、お金が漏れ出ているようです。漏れ出てしまえば欲しくなるのは当然です。しかも、自分からは見えないお金を取り去っていきますから。税金・事故・病気・車の修理代・受験

費用・美容費用・交際費・家の消耗品に家電製品等、高額商品すら一斉に壊れます。お金が入ると瞬時に出ていくので、「〇〇にお金が入った」と報告されて、物が壊れるのではないかと疑うほどです。

　これほどまでに出ていけばお金が欲しいのは仕方がありません。ある意味病気ですから、割れた所から漏れているのであれば、これを修繕しない限り改善はされず、苦労は終わりません。終わらない苦労なんだなと思ってもらえればここで伝えたかったことは伝わりました。

2　お金を増やす皇の思考

　では、どうすれば皿（ぺい）の修繕ができるのでしょうか。

・今、この瞬間に集中しよう。

・他人との比較を止めよう。

・他人と競わない。

・自然観照をする。

　今回はこの四つについて実行してください。**今に集中し、**

他人との関りを減らし、自然からエネルギーをもらいましょ
う。これだけでも出ていくお金は減り、増えていきます。

【今、この瞬間に集中しよう】

　最初にこの病から脱するには、皇の自然とのズレを修正
するところから始めましょう。自然とのズレで一番困るのは、
過去の事、未来の事をうだうだ考える事です。昨日・今
日・明日、この三日間以外に考えてよいのはせいぜい11
日前後、つまり過去11日、未来11日の合計22日間
のみです。しかも基本は今の事がほとんどで、明日以降
の予定を立てる際に11日間のことを考えてください。ずっ
と考えると祖の思考が入ります。あと、1年先の目標は立
ててください。しかし、一年後の目標がいつまでも変わら
ないのは、今していることが進化していない事でもあります。
皇の思考はコロコロ変わるという思考ですから、1年も先
の予定は変化していきます。

　やはり基本は今どうするのか？　という、「こと、もの」に
集中しましょう。そしてこの集中が一番できない事です。

143

例えば仕事中に晩御飯どうしようかなとか、ドラマいつ見ようかなとか今すべきこと以外の思考が邪魔してきます。特に嫌な人と接しているときは、脳が拒否をするので顕著です。この邪魔さえも自分の皿（ぺい）の傷から侵入する妄想だと気づいてください。乗っ取られてはダメです。今に集中しましょう。

【他人との比較を止めよう】
　この集中ができるようになったら次のステップです。今に集中すると、他人が気にならなくなります。自分のすべきことが増えて、他人に気が回らなくなり、寂しいという感情が減ってきます。寂しくないと人に合わせたり、他人の目が気になったりする時間も減ってきます。この他人に干渉する時間が減ると、お金の周りが変わってきます。接待費が減るのと他人の目を気にした過度の美容・服・装飾品への支出が減ります。やけ食いが減るので食費も減ります。趣味を見つけたり、好きだったことを思い出したり、料理にチャレンジして美味しいものを作ると満足したりという心

が満たされる日々が増えていきます。

【他人と競わない】

　他人が気にならなくなると、争う事にも興味がなくなります。争う気持ちは祖の力なので皿（ぺい）に負担をかけてひび割れを起こすかもしれません。多くの競う分野の仕事が思う以上に稼げていない現実が暴露されていますが、これから競えば競うほどお金が減ります。

　皇の力は能力となり、天才という才能を引き出します。あなたにも眠る力が見つかります。他人との関係を断ち切る事、自分は何に集中するのかを考える事、自然の中でまったりとしてよい波動を出すこと、競うことを止め自分の能力を磨くことにさいていきましょう。これは全て出来たら少しずつ金運も改善します。

　ぜひ始めに不用品をメルカリなどのフリマで売ることをお勧めします。売れれば、お金も入るし趣味にもなるし楽で樂しいです。お金が入ってくると心が変わり、余裕が出れば自分の魂職とも出会いやすくなります。

【自然観照をする】

　今に集中をして、他人との関係を断ち切れたら次は自
然との対話です。植物をのんびり眺めたり、動物と触れて
遊んだり。自然の景色を見に行ったりして浄化してください。
**自然の気を体内にたくさん取り入れて、祖の不安や不快
感を追い出しましょう。**人工的な物や建物、乗り物などに
興味を持つと祖の思考を吸収します。自然物から皇の思
考を取り入れてください。自然の木のそよ風や川の流れ、
海のさざ波、通りすがりの犬や猫、まったり生きる彼らの
心と波動を合わせてみましょう。優雅なエネルギーが流れ
込んできます。特に川を見るのは金運アップで、しかも激
流であるほど川の急な流れは金運アップになります。

3　お金が嫌う事

　皇のお金は、お金のないところへ流れていきます。コロ
ナ禍で全国民一律 10 万支給や持続化給付金に始まり各

種手当で助かった人も多いと思います。自然が味方をして
お金のことから心を離し、自分の本来すべきことに集中す
るとちゃんとお金は回ってきます。毎月一人80万のお金
が生きるために支給されて、楽になるといわれた皇の時代
です。皇の力が強くなるほどお金の流れ方も変わります。

　皇のお金は自分の意志であなたのもとへ流れていきま
す。だからこそお金の事ばかり考えている人には近づきた
くありません。バックアップの為に来るのですから。

　それと物が多く、皇のお金のエネルギーが家に上がり込
めない場合も離れていきます。断捨離が必要な理由はこ
こにあります。物が多いと裕福な人だと判断されてしまうの
です。物からでる波動とぶつかるので、なるべく持ち物は
最低限に減らして生活しましょう。お金の入るスペースを確
保するのもいいですね。物を減らし、お金の不安は考えな
いようにして不用品を売って友人とも距離を置いたらお金
のエネルギーも寄ってきます。

　**嫌われるのは物が多い家とお金の不安ばかり考えてい
る人です。**

4 皇のお金の未来

　皇の時代になると現金は持ち歩かずにカード決済が主流になります。紙のお金はトラブルも多く、費用も掛かるので電子マネーに移行します。100年も経ったら現金をみる事も珍しいほどに、いろいろな決済方法が生まれます。チャージ式のもの、PAYという決済手法、デビットカード連携のサービス、先払いが増えていきます。銀行ももっと簡潔な方法に変わるでしょう。一説には現金は博物館に展示されるだけではないか、と言われています。スマホが進化するほど現金も隠され、争いが減るでしょう。現金という見える方法も慾をかきたてる要因です。紙のお金を隠すことで慾を抑え、自由に才能を発揮できる環境を作るために今自然の力がルールに沿って働いています。

　政治・経済が変わる中であなたの生き方は変わっていきます。**今までのように難しい出来事が減り、判りやすく樂しい日々へと変化させましょう。**次は結婚・恋愛について解き明かしていきます。お楽しみに (^-^)/~**。。 ~**。。

あとがき

　今回、本の出版に当たりご協力くださいました皆様、ヒントをくださった沢山の仲間たちに感謝を伝えるとともに皆さんの生き方がどんどん皇の時代へ移行することを祈ります。今回の本の伝えたいことは、ここに集約されています。この幸せを売るという意味は、『自分の自由枠の中で自分が楽しむことができる』つまり『絶対的自由＆自立＆進可すること』この三つが成り立つものこそ、最高の幸せを生み出すサービス＆商品です。あなたの関わる仕事はこれをクリアしていますか？『他人の自由を奪う＆依存＆苦しみを売る』商売をしていたら危機を迎えます。なぜなら宇宙プログラムの変更により祖の時代の産業は強制終了に向かい動き出してしまったからです。この本の意義は、祖の時代の産業・不幸産業から皇の時代の幸せ産業への転換を伝える事にあります。この本の中にあるビジネスヒント＆働き方改革を参考にして、新時代の波に乗ってください。これを実行するために、何が必要なのかを解説しています。答えは『楽しく進可しているのか』という一択です。

家族でも仕事でもまして愛でもありません。自分が世界の中心です。※中心とはいい言葉ですね。中に心がある、つまり皇の時代は心が進可する時代なので真ん中に心があって然るべしなのですから。

　そのうち－自分とは－という本も書きます。第９弾でテーマにする予定です。この時までに自分はどうありたいのかを感じて決めておいてください。－自分とは－という本は、金星からくる魂を解説しますのでお楽しみに。

最後に、この本を完成させるために集まったチームの方を紹介します。(敬称略)

編集　　　　　栗田　誠一

表紙デザイン　吉田　修

表紙写真　　　松尾　昭子

いつも元気をくださり、ありがとうございました。

150

著書

春名律子 (はるな りつこ)

東京都出身 皇の時代の配信者

2004 年セミナー参加開始・2013 年しあわせ村理事就任

facebook&YouTube 皇の時代の思考を毎日配信中

問い合わせ　ounojidai@gmail.com 春名

皇の時代 2

2020 年 11 月 11 日　第 1 刷発行

著者 ─────── 春名　律子

発行 ─────── しあわせ村

〒 340-0028　　埼玉県草加市谷塚 1-29-3

　　　　　　　　☎ 048-929-7501

発売 ─────── コスモ 21

〒 171-0021　　東京都豊島区西池袋 2-39-6 鶴見ビル 8F

　　　　　　　　☎ 03-3988-3911

　　　　　　　　FAX 03-3988-7062

　　　　　　　　URL http://www.cos21/

印刷・製本 ─── 株式会社エーヴィスシステムズ

ISBN 978-4-87795-392-8 C0030

好評発売中

皇の時代　I

宇宙プログラムの変更 1994.8.8

『コ』の宇宙の変化と皇の時代

春名 律子

樂しく楽に
生きる時代が
やってきた！

既に始まっている『皇の時代』
生き方を変えるだけで人生が変わる

しあわせ村

皇の時代　I

宇宙プログラム 1994.8.7

『コ』の宇宙の変化と皇の時代

春名律子著　定価 1500 円＋税

　コスモ 21 刊　160 頁　四六版 並製

皇の時代を取り巻く基礎知識編

絶賛発売中

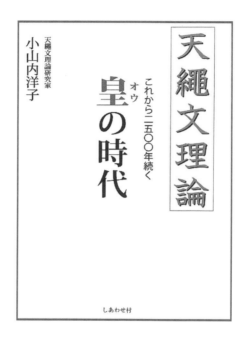

天繩文理論　これから二五〇〇年続く　皇の時代

小山内洋子著

コスモ 21 刊 定価 10,000 円＋税

633 頁 四六版 上製

絶賛発売中

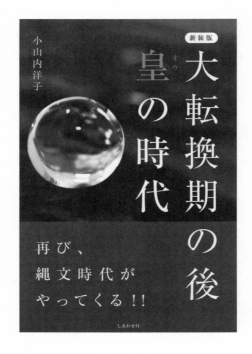

新装版 大転換期の後 皇の時代

小山内洋子著

コスモ21刊　定価2,000円+税

273頁　四六版 上製